Liebe Leserinnen, liebe Leser!

Der Fotograf **Ralf Freyer** ist in Freiburg zu Hause. So lag ihm die Fotografie dieses DuMont Bildatlas besonders am Herzen.

Cornelia Tomaschko, Journalistin in Ettlingen, kennt Freiburg und die Regio seit ihrem Studium. Heute ist sie allein oder mit der Familie häufig dort unterwegs.

Drei Länder und nur eine Destination, „die Regio", das Gebiet rund um Freiburg, Basel und Colmar. Kaum irgendwo sonst in Europa haben Staatsgrenzen eine so geringe Bedeutung. Ohne Einschränkungen kann man zwischen Deutschland, Frankreich und der Schweiz hin und her pendeln, kann die kulturelle, sprachliche und kulinarische Vielfalt genießen.

Highlights im Dreiländereck

Es ist eine Region wie geschaffen zum Urlauben. Nicht zuletzt wegen des angenehmen Klimas. Der Oberrheingraben ist eine der wärmsten mitteleuropäischen Landschaften, und in Freiburg scheint die Sonne mehr als 1800 Stunden im Jahr. Für ein Übriges sorgt die abwechslungsreiche Landschaft. Von der vom Wein- und Obstanbau geprägten Oberrheinischen Tiefebene ist es nur ein Katzensprung bis zu den Höhen des Schwarzwalds.

In Sachen Kunst und Kultur wetteifern Freiburg, Basel und Colmar miteinander. Was aber die moderne Architektur angeht, hat Basel die Nase vorn. Hier bzw. im nahen Umland baute in den letzten Jahren die internationale Architektenelite. Es sind faszinierende Baukonstruktionen entstanden, die teilweise bedeutende Museumssammlungen beherbergen. Was Sie sich unbedingt anschauen müssen, stellen wir Ihnen im DuMont Thema auf Seite 106 vor.

Eine Region für Genießer

Bei so viel Natur und Kunst darf der Genuss nicht zu kurz kommen. Cornelia Tomaschko verrät uns ihre Lieblingsrestaurants. Und was das Schöne ist, mitunter kann man eine Wanderung oder andere Aktivität gleich mit lukullischen Genüssen verbinden. So laden wir Sie vom Freiburger Schlossberg aus zum kulinarischen Gipfelsturm ein (S. 39), und im Elsass steht die Weinprobe unter dem Motto „wandern, lernen, kosten" (S. 85).

Herzlich Ihre

Birgit Borowski
Programmleiterin DuMont Bildatlas

DuMont Aktiv

DuMont Thema

DuMont Thema

Titelthemen

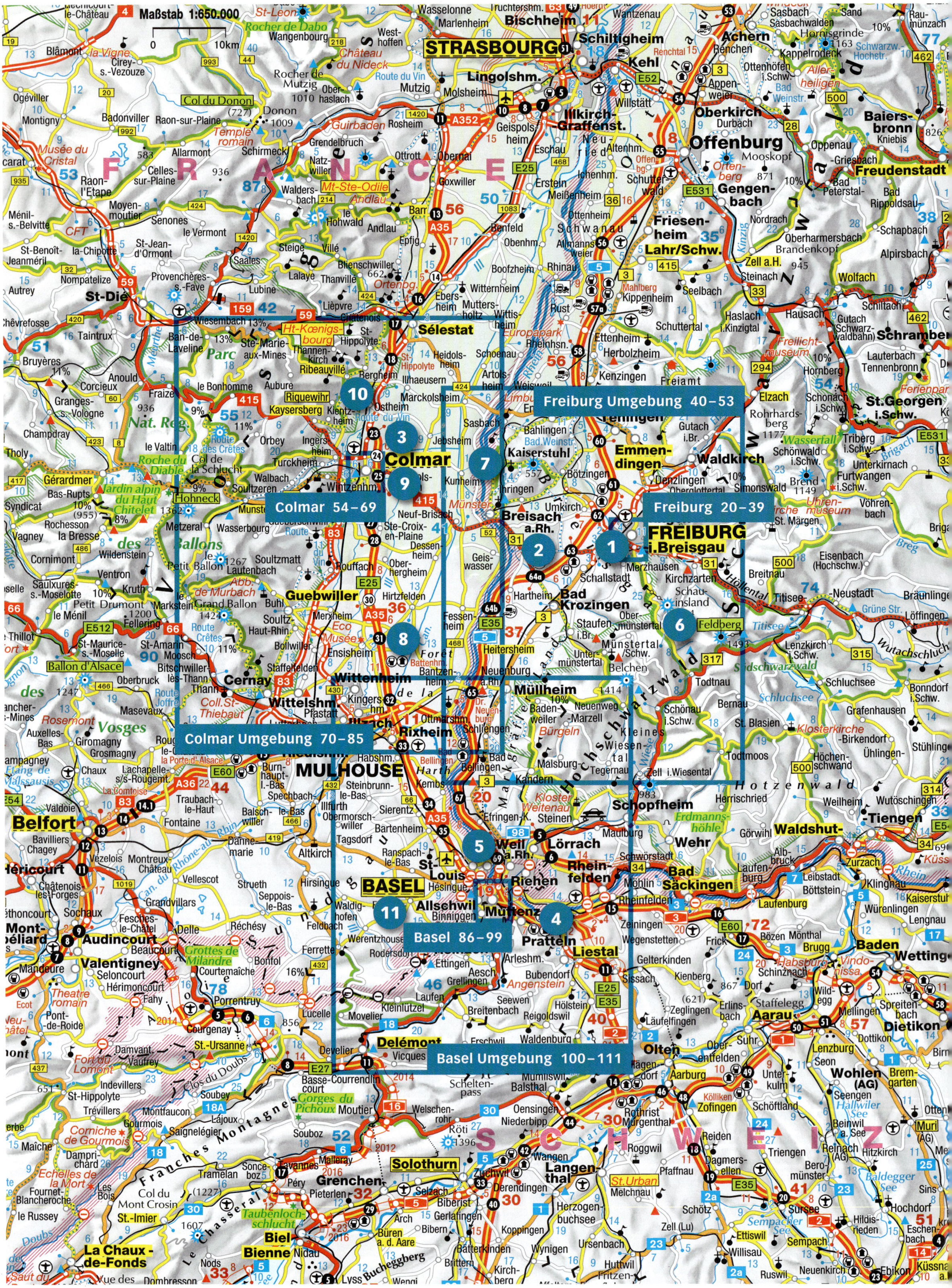

Maßstab 1:650.000
0
10km
STRASBOURG
Colmar
Sélestat
Freiburg i.Breisgau
Mulhouse
Basel
Offenburg
Freiburg Umgebung 40–53
Freiburg 20–39
Colmar 54–69
Colmar Umgebung 70–85
Basel 86–99
Basel Umgebung 100–111
FRANCE
SCHWEIZ
1
2
3
4
5
6
7
8
9
10
11

Topziele

Die bedeutendsten Sehenswürdigkeiten der Region und Erlebnisse, die Sie auf keinen Fall versäumen sollten, haben wir auf dieser Seite für Sie zusammengestellt. Auf den Infoseiten ist der jeweilige Höhepunkt als ▶**TOPZIEL** *gekennzeichnet.*

KULTUR

AKTIV

ERLEBEN

IM ZEICHEN DER SONNE

Das Dreieck Freiburg-Basel-Colmar besitzt zwei verbindende Elemente: Rheintal und Sonne. Fruchtbare Böden und ein sehr mildes Klima erlauben den Anbau großer Weine. Im Sommer flirrt das Land im Sonnenglanz, und geruhsam verstreichen die Tage (Foto: Husseren-les-Châteaux).

EINFACH GENIESSEN ...

Wie viele Gasthäuser, Straußenwirtschaften und Gourmetrestaurants hier zu finden sind, kann keiner sagen. Die Lebensart erschließt sich aber nur dem, der sich die einzigartige Mischung aus badischer, elsässischer und schweizerischer Küche auf der Zunge zergehen lässt (Foto: Freiburger Konviktstraße).

Engler's Weinkrügle
HOTEL SCHWARZWÄLDERHOF
Coiffeur Privilège
In der Passage
GUTENBERG
DRUCKEREI
OBER KIRCH
PAPETERIE

TEMPEL DER KÜNSTE

Kunstliebhaber nehmen weite Wege auf sich, um die neuesten Ausstellungen in der Fondation Beyeler zu besuchen. Das Museum in Basel-Riehen gehört zum Besten, was das Dreiländereck in dieser Hinsicht zu bieten hat. Auch das Ausstellungsgebäude selbst ist Kunst, wurde es doch von Stararchitekt Renzo Piano entworfen.

HOTSPOT DES 21. JAHRHUNDERTS

Gemächlich nimmt der Rhein in Basel den Weg nach Norden auf (Foto: Blick vom Münsterturm), doch das Leben nimmt einen beschleunigten Gang: Pharmaunternehmen und Chemiekonzerne von Weltruf, milliardenschwere Banken und Industrieunternehmen geben den Takt vor, Atomkraftwerke liefern Energie, Arbeitskräfte pendeln zu Tausenden über die Grenzen.

Le Petit
Gourmand

EIN AUGENBLICK DER SCHÖNHEIT

Herausgeputzte Fachwerkhäuser gehören zu den Markenzeichen der Städte und Dörfer im Elsass. Die Idylle erreicht ihren Höhepunkt in Colmars Stadtviertel Klein-Venedig. Zu jeder Jahreszeit schlendern Gäste aus aller Welt durch die schmalen Gassen, lassen sich von deren Charme beeindrucken, staunen, fotografieren, genießen.

DER BERG RUFT

Freiburgs Hausberg ist der 1284 Meter hohe Schauinsland. Er zählt bereits zum Schwarzwald und macht seinem Namen mit grandiosen Ausblicken alle Ehre. Sobald die ersten Flocken fallen, eröffnet sich Wintersportlern hier ein weites Feld. Im Sommer hingegen strömen Radfahrer, Wanderer und Nordic Walker gipfelwärts, auch Skater und Motorradfahrer ruft der Berg.

Gässle, Bächle, Lebensfreude

Freiburg ist zwar die südlichste Großstadt Deutschlands, doch wer schicke Einkaufsstraßen mit großen Designernamen sucht, ist fehl am Platz. Das soll nicht heißen, dass man hier nicht gut einkaufen könnte, aber eben eher das Besondere, das Ausgefallene, das es nicht überall gibt. Überhaupt überrascht die Stadt mit eigenem Flair, einer Mischung aus Historie und modernster Technologie.

Freiburg ist mit einem sehr milden Klima gesegnet. Das lockt die Magnolien im Stadtgarten besonders zeitig hervor

Das Freiburger Münster von einem der roten Erker des Historischen Kaufhaus gesehen: Himmelstürmend erscheint der 116 m hohe Westturm, der „schönste Turm der Christenheit"

Hahnentürme und Querschiff sind in romanischem Stil erbaut

Blick ins Langhaus auf den lichtdurchfluteten Chor. Die vielen mittelalterlichen Glasfenster in den Seitenschiffen haben größtenteils die Freiburger Zünfte gestiftet

Die Räderuhr am Westturm erschuf Jean-Baptiste Schwilgué im Jahr 1851

Mehr als 1800 Stunden pro Jahr scheint die Sonne in Freiburg – und die Freiburger wollen auf keine einzige verzichten. Auf einem der vielen schönen Plätze, am Ufer der Dreisam, im Straßencafé oder auf einem kleinen Balkon mitten in der Altstadt versuchen sie, die Sonnenstunden einzufangen. Das ist im Hochsommer so, aber auch bereits im März und nicht selten noch Anfang November. Das milde Freiburger Klima macht die Menschen gelassen, das Leben angenehm, und die vielen Sonnenstunden haben der südlichsten Großstadt Deutschlands den Titel „Solar-Hauptstadt" eingebracht.

EIN HERRLICHER BLICK

Münster, Studenten, Bächle, Gässle – das waren lange Zeit prägende Begriffe für Freiburg. Das Münster, zwischen 1200 und 1513 erbaut, ist zweifelsohne das bekannteste Bauwerk Freiburgs, wenn auch Architektenscharen zwischenzeitlich zuerst ins Quartier Vauban oder zu den Plusenergiehäusern von Rolf Disch ziehen, bevor sie den „schönsten Turm der Christenheit" besteigen, wie der Schweizer Kunsthistoriker Jacob Burckhardt den Münsterturm vor rund 150 Jahren genannt hat. Wer einigermaßen schwindelfrei ist, sollte den 116 Meter hohen Ausguck erklimmen und eine grandiose Sicht über Freiburg und seine Umgebung genießen. Von der Südseite des Münsters aus führt eine alte, enge Wendeltreppe in die Höhe, an schmalen Fensteröffnungen vorbei, die den Blick auf Details des Münsters freigeben. Nach 153 Stufen öffnet sich der 18 Meter hohe Glockenstuhl, einer der ältesten in Deutschland. Die Konstruktion aus Tannenbalken steht frei im Turm, damit sich die Schwingungen der Glocken nicht auf die Mauern übertragen.

Wie die Balken und Glocken 1290 so hoch kamen, zeigt ein riesiges Lastenrad, in dem ein oder zwei Personen liefen, um über eine Seilwinde die schweren Baumaterialien hochzuziehen. An diesem Lastenrad vorbei bringt eine Eisentreppe die Besucher weiter in die Höhe, in die Stube des Turmwächters. Dieser wacht heute mehr über Eintrittsgelder und Postkarten als über das Münster und die Stadt. Wer so weit vorgedrungen ist, braucht nun nur noch eine Wendeltreppe zu erklimmen und steht auf einer Aussichtsplattform, 263 Stufen über der Erde. Ein herrlicher Blick über Freiburg und weit darüber hinaus belohnt die Mühen. Atemberaubender wird dieses Erlebnis 70 Stufen weiter oben, denn dann steht man direkt am Ansatz der Turmspitze. Der Blick durch die filigrane Steinspitze des Münsters in einen strahlend blauen Himmel ist ein Bild, das man nie mehr vergisst.

GAUMENFREUDEN AM MÜNSTER

Der Blick der Marktleute rund um das Münster geht selten nach oben. Sie schauen eher nach vorne zu ihrer Kundschaft, beraten, empfehlen, halten ein Schwätzchen und lassen auch einmal von angebotenen Köstlichkeiten probieren. Rings um das Münster wurde schon im Mittelalter gehandelt, wie noch die Maße zeigen, die in die Pfeiler seitlich des großen Turmeingangs eingemeißelt sind. An der Nordseite des Münsters, also links vom Turmeingang, bieten Bauern der Region fast ausschließlich Selbsterzeugtes an: Gemüse,

Das gotische Münster wird als „Himmel in Stein" gerühmt.

Vom Münsterturm hat man gute Sicht – nicht nur in die Ferne, auch auf den Münsterplatz

Auch am Abend einen Besuch wert: die Arkaden am Münsterplatz

Dolce vita auf dem Münsterplatz: Freiburg steht für ein besonderes Lebensgefühl

Eines der prächtigsten Gebäude der Stadt ist das Historische Kaufhaus

Fassadenschmuck am Haus Zum Walfisch, in dem einst Erasmus von Rotterdem gelebt hat

Obst, Schnaps, Wein, Marmeladen, Honig, hausgemachte Nudeln, Holzofenbrot, rote Kartoffeln, Würste, Speck, Eier und von Frühling bis Herbst oftmals auch Blumen aus ihren Gärten. Auf dem Weg zu den Bauernständen steigen verführerische Düfte in die Nase. Frisch geröstete Zwiebeln locken, die Begleiter der berühmten Münsterwurst. Jeden Vormittag braten und grillen an mehreren Ständen die Wurstfachleute vor allem Rote, aber auch Rinds- oder Kräuterbratwürste. Fast jeder Stand hat sein eigenes Rezept und seine eigene Kundschaft, meist Stammkunden, die nur noch gefragt werden: „Wie immer?"

Auf der gegenüberliegenden Seite des Münsters, der Südseite, bieten Händler ihre Waren an, nicht nur Kulinarisches, sondern auch getöpferte Gefäße oder Bürsten aller Arten. Der Olivenduft, der dort die Nase umweht, gibt Einheimischen wie Gästen die Bestätigung für das, was sie schon längst vermutet haben: ganz nah an der Toskana zu sein.

STADT DER BÄCHLE

Müde Füße können sich in Freiburg an vielen Stellen ausruhen. Immer wieder finden sich Bänke unter Bäumen, Brunnen, auf deren Rand man sich niederlassen kann, Straßencafés und Weinlokale. Oder der matte Reisende setzt sich einfach auf den Boden und hält seine nackten Füße in eines der Bächle, die die Stadt durchziehen. Vielleicht treibt ein kleines Papierschiffchen vorbei, das ein spielendes Kind weiter oben eingesetzt hat. Rund neun Kilometer lang ist das Freiburger Bächlenetz, das aus der Dreisam gespeist wird und seit dem 12. Jahrhundert die Stadt durchzieht. Einst dienten die Bächle als Lösch- und Brauchwasser und als Viehtränke. Natürlich brachte das fließende Wasser auch ein bisschen Wind in die eher muffigen mittelalterlichen Gassen. Später galten die Bächle mehrfach als unmodern und sollten überdeckelt

Eine besonders liebenswerte Zutat des Freiburger Lebens sind die Bächle, die auf rund neun Kilometer die Stadt durchfließen (oben links). Innehalten ist auch am Neuen Rathaus möglich (unten links), im Augustinermuseum (oben rechts) oder in der Schusterstraße mit ihren Läden und Kneipen (unten rechts)

werden. Zum Glück konnten sich die Bächle-Gegner nie durchsetzen, und so kann man immer noch davon träumen, dass man einen Freiburger oder eine Freiburgerin heiraten wird, wenn man einmal versehentlich in ein Bächle getreten ist – wie es die Sage will. Die Bächleputzer halten jedenfalls alles schön sauber. In der Freiburger Fasnet ist ihnen zu Ehren sogar eine eigene Figur gewidmet.

EINE HELLWACHE UNISTADT

Bei aller Idylle, die Freiburg ausstrahlt mit seinen mittelalterlichen Gassen, den alten Häusern, die alle Namen tragen, man spürt dennoch überall: Die Stadt ist hellwach. Es ist gerade diese Mischung aus Bodenständigkeit und Forscherdrang, aus Tradition und Moderne, die Freiburgs Charme ausmacht. Schließlich prägen die Universität und weitere Forschungseinrichtungen die Stadt. Jeder sechste Einwohner ist an einer der Freiburger Hochschulen immatrikuliert, die traditionsreichen Lehr-

Die Freiburger Universität gehört in Forschung und Lehre zur Spitzengruppe in Deutschland.

gebäude der Albert-Ludwigs-Universität liegen mitten in der Stadt, umgeben von zahlreichen Buchhandlungen und Antiquariaten.

Die Freiburger Uni ist eine der ältesten deutschen und gehört in Lehre und Forschung zur Spitzengruppe. 1457 gegründet, pflegt sie klassisches Bildungsgut, bestimmt und besetzt aber auch gleichzeitig aktuelle Forschungsfelder. Sie setzt dabei auf ein Zusammenspiel der verschiedenen Disziplinen, um für die Herausforderungen des 21. Jahrhunderts vorbereitet zu sein. Die sogenannten Lebenswissenschaften beispielsweise verbinden Biochemie, molekulare Zellbiologie, Angewandte Wissenschaf-

Die Stühlinger Kirchtürme ragen hinter dem Zentralen Omnibusbahnhof auf

Der 2011 verstorbene, US-amerikanische Künstler Dennis Oppenheim schuf 1999 „Jump and Twist“ an der technischen Fakultät der Freiburger Universität

Vor dem Freiburger Konzerthaus am Konrad-Adenauer-Platz drehen sich diese auffälligen Kegel

Freiburger Alltag, eine Momentaufnahme

Special ENERGIE

Sonne im Zentrum

Freiburg spielt bei der Nutzung der Sonnenenergie bundesweit eine Vorreiterrolle. Das Stadion des SC Freiburg, Rathaus, viele Schuldächer, Kirchen und Privathäuser tragen Solaranlagen.

Bereits seit 1986 fördert die Stadt die Nutzung der Sonnenenergie. Dennoch wäre das Konzept nicht so erfolgreich, gäbe es nicht diesen besonderen „Freiburger Mix", ein Zusammenspiel geografischer, politischer und wirtschaftlicher Faktoren. Entscheidend aber ist die Mentalität der Freiburger Bürger, die mit einem hohen Bewusstsein für ihre Region leben – aufgeschlossen und engagiert für alles, was ihre Umwelt schützt. Das schuf die Basis für die Ansiedlung von wissenschaftlichen Einrichtungen wie das Fraunhofer-Institut für solare Energiesysteme, Unternehmen wie die Solar-Fabrik und die Solarstrom AG oder Service-Einrichtungen wie das Solar Info Center. Die „Intersolar" hat sich in Freiburg zu Europas wichtigster Fachmesse

Das „Sonnenschiff" in der Solarsiedlung

entwickelt und ist so groß geworden, dass sie den Messestandort Freiburg verlassen musste. Freiburg empfiehlt an der Solarenergie Interessierten Rundgänge oder Rundfahrten mit der Straßenbahn, die jeder auf eigene Faust unternehmen kann. Die Wege reichen von der Basistour, einem Solar-Spaziergang durch die Innenstadt, über einen solaren Rundgang für die Familie bis hin zum solaren Regenrundgang.

ten, Neurowissenschaften, Mathematik, Physik und verschiedene Disziplinen der Geisteswissenschaften – ein über die Landesgrenzen hinaus beachtetes Modell. Auch Nicht-Studenten öffnet die Universität ihre Türen mit einem breiten Angebot im Studium generale, beispielsweise mit der Samstags- Uni, in der während des Semesters wechselnde Wissenschaftler interessante Forschungsthemen allgemeinverständlich darstellen.

MIT DEM RAD DURCH DIE STADT

Der Fahrradpark rund um die Universitätsgebäude zeigt, dass auch Studenten und Professoren auf das beliebteste Freiburger Verkehrsmittel setzen. Kaum eine Stadt in Deutschland, in der man so viele Fahrräder mit und ohne Kinderanhänger, als Rennrad, als Transportrad oder als Fahrradtaxi sieht. Mehr als 500 Kilometer weist das Freiburger Radverkehrsnetz aus. Damit sich niemand in diesem Netz verirrt, hat die Stadt den Freiburger Fahrrad-Stadtplan herausgegeben, in dem auch Fahrradabstellplätze eingetragen sind. Denn auch in Freiburg gibt es Grenzen fürs Rad. So darf etwa rund um den Bertholdbrunnen, dem Verkehrsknotenpunkt für Straßenbahnen und Busse im Zentrum Freiburgs, kein Rad abgestellt werden. Bei einer „Scherben Hotline"

Blick in die Bummelmeile Konviktstraße mit ihren vielen wunderhübsch sanierten Häusern.
Im Hintergrund ist das Dach des Schwabentors zu sehen

Die Konviktstraße endet am dreieckigen Platz Oberlinden. Dominantes Element ist das Schwabentor,
ein Rest der mittelalterlichen Stadtbefestigung

kann man melden, wo Glassplitter auf der Radstrecke liegen – welche die Freiburger Stadtreinigung im Nu beseitigt. Da wundert es niemanden, dass in Freiburg auch Stadtrundfahrten per Rad angeboten werden, Teil des reichhaltigen Führungsangebots.

EINTRÄCHTIG UNTERWEGS

Vor einigen Jahren hat die Stadt Freiburg ihre Bürger zu kostenlosen Stadtführungen eingeladen, um ihnen einmal das Gefühl zu geben, zu Besuch in der eigenen Stadt zu sein. Bei mehr als 6000 Übernachtungen pro 1000 Einwohner braucht es in der Hochsaison schon ein bisschen Toleranz, damit Freiburger und Nicht-Freiburger miteinander gut auskommen. Zwar ist der Badener an sich tolerant, aber wenn er mit dem Fahrrad nicht mehr voran kommt oder abends die Plätze in den Gartenlokalen alle besetzt sind, kann er schon „bruddelig" werden.

Gemütlich zu essen und zu trinken gehört zur badischen Lebensart – an der man gerne auch Nicht-Badener teilhaben lässt, solange sie einem selbst einen Platz lassen. Dabei ist das gastronomische Angebot in Freiburg riesig und reicht von urbadischer Küche mit Wurstsalat und Brägele, wie hier die Bratkartoffeln heißen, bis zu internationalen Spezialitäten. Die Markthalle in der ehemaligen Druckerei Poppen & Ortmann ist eine geraffte Version dieser Vielfalt. Seit mehr als 25 Jahren ist sie ein Mittagstreff vieler Freiburger, aber auch vor und nach der Mittagszeit. Man isst im Stehen chinesisch, indisch, italienisch, japanisch oder wie auch immer und kauft besondere Spezialitäten für die häusliche Küche ein. Freitags und samstags bis Mitternacht geöffnet, bietet die Markthalle zum Essen ein Musikprogramm unterschiedlicher Stilrichtungen. Damit hat sie sich in die Freiburger Nachtszene eingereiht, denn auch nach Sonnenuntergang geht das Leben in den alten Gassen recht munter weiter.

Special FASTNACHT

Im „Häs" durch die Stadt

Freiburger feiern das ganze Jahr über gerne. Den Auftakt des Festreigens macht traditionell die Fasnet, die in Freiburg genau vier Wochen vor dem Fastnachtssamstag beginnt, während die Narren im schwäbisch-alemannischen Raum grundsätzlich am Dreikönigstag mit dem Abstauben der Masken das närrische Treiben einleiten.

Fasnet, die hohe Zeit der Narren

Von ihrem Stützpunkt im „Deutschen Haus" in der Schusterstraße ziehen die Freiburger Fasnetrufer mit der braun getönten, lachenden Lindenholzmaske, dem bunten Flecklehäs, den weißen Handschuhen und der großen Rätsche durch die Stadt. Sie sind die Erznarren der Breisgauer Narrenzunft und führen am Rosenmendig (Rosenmontag) ab 14.00 Uhr den traditionsreichen Umzug durch die Innenstadt an. Herdemer Lalli, Blau-Narren, Freiburger Hexen mit dem lachenden Teufel, Günterstaler Bohrer, Feuer-Narren, Zähringer Burgnarren und wie sie alle noch heißen folgen im Zug, begleitet von Gästen aus dem ganzen schwäbisch-alemannischen Fasnetreich. 1283 wurde die „Vasinaht" in Freiburg erstmals in einer Urkunde erwähnt, aber eine alemannische Fasnet wie sie heute gefeiert wird, gibt es erst seit 1934.

Damals hat sich die Breisgauer Narrenzunft gegründet, die bis heute die Dachorganisation von mehr als 35 Zünften bildet. Alle, die den Narrenzug nicht live erleben können, sollten einen Blick ins Freiburger Fasnetmuseum werfen: dort reihen sich die ganzen Breisgauer Narrentypen auf, arrangiert von den Zünften.

Hunderte von Stoffteilen brauchen die West-Hansele für ihr „Häs"

SCHAUINSLAND

Erlebnisreiche Bergwelt

Die landschaftlichen und kulturellen Attraktionen des Freiburger Hausbergs ziehen rund ums Jahr Scharen von Erholungssuchenden auf den Schauinsland. Das wirkt sich teilweise zum Nachteil für die Natur aus und erfordert eine Besucherlenkung.

Die Windkraftanlagen auf der Holzschlägermatte waren aus Gründen des Landschaftsschutzes bei ihrem Bau 2003 heftig umstritten

Von den Bauern und Bergleuten, die einst am Schauinsland um ein karges Einkommen kämpften, blieb vermutlich selten einer verzückt stehen, um die weite Aussicht über die Rheinebene bis zu den Vogesen oder bis zu den Westalpen zu genießen. Heute ist dieser grandiose Ausblick einer der Anziehungspunkte für die Besucher des 1284 Meter hohen Berges. Zielstrebig steuern sie den Turm an, der sie nochmals 31 Meter über den Berg erhebt., windzerzaust steigen sie wieder herab – und das nicht immer auf vorgegebenen Wegen. Die Bergwelt Schauinsland versucht, die Ausflügler auf den Wegen zu halten, die für sie vorgesehen sind, um den Berg möglichst gut vor Erosionsschäden zu schützen.

Ökologisch korrekt startet der Weg zum Schauinsland in Freiburg mit der Straßenbahnlinie 2 nach Günterstal, von dort mit der Buslinie 21 weiter bis zur Talstation der Schauinslandbahn. Sie ist die längste Kabinenseilbahn mit Umlaufsystem in Deutschland und die älteste ihrer Art weltweit. An Wochenenden und Feiertagen verkehrt ein Bus, der in wenigen Minuten das Heimatmuseum Schniederlihof oder den Tier- und Freizeitpark Steinwasen erreicht.

Passionierte Autofahrer parken allerdings nur selten bei der Talstation. CO_2-Ausstoß hin oder her, sie können der legendären Straße zum Schauinsland nicht widerstehen, die im 20. Jahrhundert als eine der schönsten Bergrennstrecken Europas galt.

Schauinsland: Der 1284 Meter hohe Schwarzwaldberg ist für seine grandiose Aussicht bekannt

Ein breites Angebot lockt die Wintersportler auf die Skipiste beim Hofsgrund (links). Zu den Legenden unter den Rennstrecken gehört die Schauinslandstraße (rechts). Für Motorradfahrer ist die Strecke an bestimmten Tagen gesperrt

Auch Motorradfahrer lockt die berühmte Strecke. Die Geschwindigkeiten, mit denen die Zweiräder an Fahrradfahrern und Wanderern vorbeisausen, jagt jedoch manchem einen ordentlichen Schrecken ein. Zwischen April und Oktober haben Motorräder an Wochenenden und Feiertagen am Schauinsland nichts zu suchen, aber mancher übersieht die entsprechenden Schilder – wissentlich oder unwissentlich.
Mit deutlich geringeren Geschwindigkeiten touren seit 2001 alle zwei Jahre Oldtimerfreunde bei der Schauinsland-Klassik von Freiburg aus durch den Schwarzwald und auf den Schauinsland. Diese Genussfahrer sind es allerdings weniger, die der Natur am Freiburger Hausberg zu schaffen machen. Es sind mehr die alltäglichen Autofahrer, die ihr Fahrzeug auf Wiesen und Wegen statt auf Parkflächen abstellen.

FAKTEN

Schauinslandbahn:
www.schauinslandbahn.de; Juli–Sept. tgl. 9.00–18.00, sonst tgl. 9.00–17.00 Uhr
Museumsbergwerk:
www.schauinsland.de; Führungen Juli und Aug. tgl., Mai und Juni, Sept. und Okt. nur Mi., Sa., So. und Fei.

Sportangebot:
Wandern, Nordic Walking, Mountainbiken, Rollerfahren, Klettern, Schneeschuhwandern, Ski- und Schlittenfahren

BERGBAU UND WINDKRAFT

Schon in alten Zeiten prägte der Mensch die Landschaft nachhaltig: Der enorme Holzbedarf beim Bergbau führte zu beträchtlichen Waldrodungen am Schauinsland, so dass große Weideflächen entstanden, heute tausendfach fotografiert mit den typischen Windbuchen. Diese entstanden durch das beständige Abweiden der Triebe durch das Vieh, wodurch der Baum immer mehr in die Breite wuchs. Sobald die Kühe an die inneren Zweige nicht mehr herankamen, konnten die Buchen an Höhe zulegen. Auf der Südseite des Bergs versucht man, dieses charakteristische Landschaftsbild zu erhalten.

Neben Natur pur präsentieren sich auf der Holzschlägermatte auch zwei Windräder, die 2003 heftig umstritten waren. Die Stadt Freiburg wollte sie bauen, das Regierungspräsidium war jedoch aus Gründen des Landschaftsschutzes dagegen. Das Verwaltungsgericht stärkte die Position der Stadt. Nachdem die baden-württembergische Landesregierung die Windkraft stärker nutzen will, könnten bald schon mehr Windräder am Schauinsland stehen, allerdings alle so, dass die Rotorblätter die Gipfelhöhe nicht erreichen.

Windbuchen prägen den Gipfel des Berges.
Die bizarren Gestalten erinnern an die Zeiten, als
hier oben noch Vieh geweidet wurde

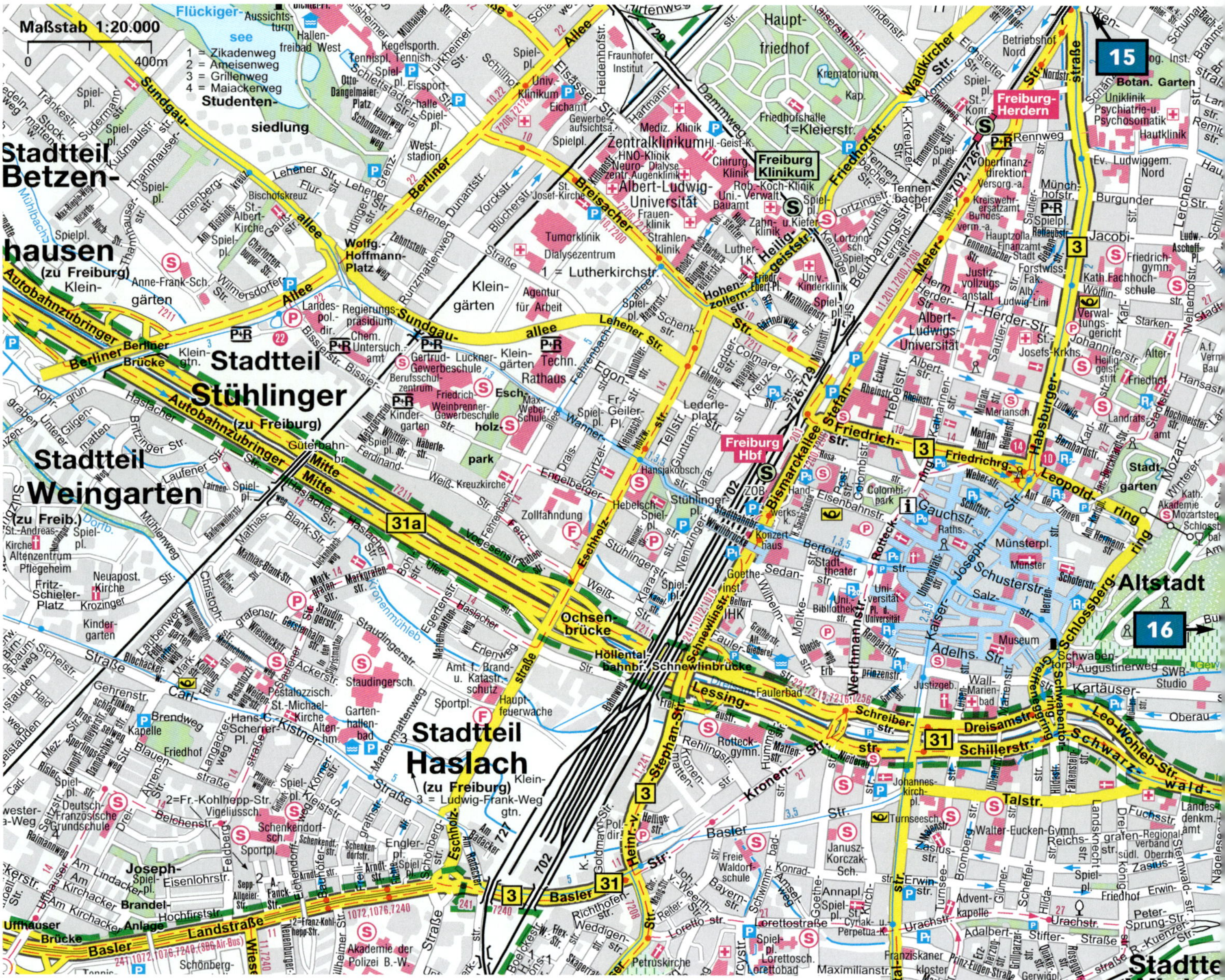

Maßstab 1:20.000
0
400m
1 = Zikadenweg
2 = Ameisenweg
3 = Grillenweg
4 = Maiackerweg
Studentensiedlung
Flückiger-see
Stadtteil Betzenhausen (zu Freiburg)
Stadtteil Stühlinger (zu Freiburg)
Stadtteil Weingarten (zu Freib.)
Stadtteil Haslach (zu Freiburg)
Altstadt
Haupt-friedhof
Freiburg Klinikum
Freiburg-Herdern
Freiburg Hbf
Zentralklinikum
Albert-Ludwig-Universität
Berliner Brücke
Ochsenbrücke
Schnewlinbrücke
Berliner Allee
Sundgauallee
Lehener Str.
Eschholzstr.
Basler Landstraße
Bismarckallee
Friedrichring
Leopoldring
Schlossberg-ring
Schreiberstr.
Dreisamstr.
Schillerstr.
Talstr.
Kronenstr.
Habsburgerstr.
Merianstr.
Münsterpl.
Schusterstr.
Kaiser-Joseph-Str.
Leo-Wohleb-Str.
Schwarzwaldstr.
Wiehre
Freiburg-Wiehre
15
16
31a
31
3

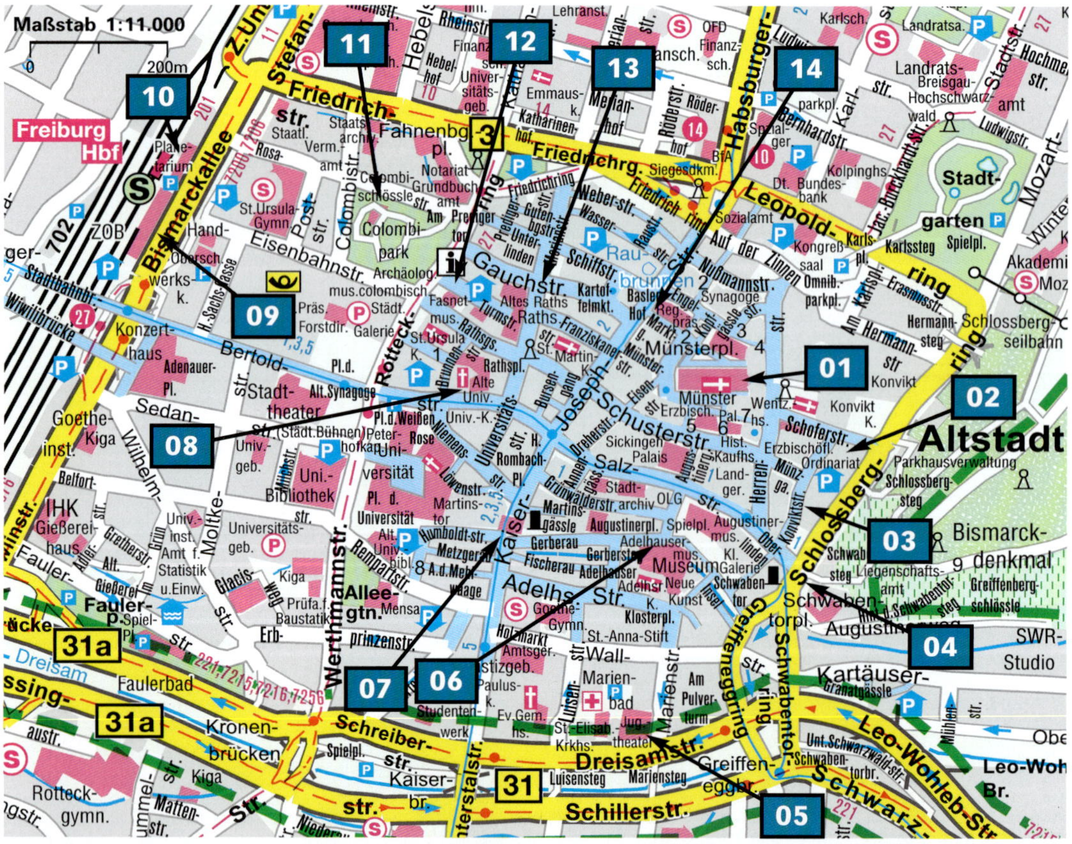

Maßstab 1:11.000
0
200m
Freiburg Hbf
Friedrichring
Leopoldring
Bismarckallee
Stefan-Meier-Str.
Habsburgerstr.
Eisenbahnstr.
Gauchstr.
Münsterpl.
Münster
Joseph-Schusterstr.
Kaiser-Joseph-Str.
Bertoldstr.
Sedanstr.
Wilhelmstr.
Colombipark
Stadtgarten
Schlossberg
Schlossbergbahn
Altstadt
Bismarckdenkmal
Schwabentorring
Schwabentor
Augustinerpl.
Museum
Adelhauser Str.
Universität
Stadttheater
Konzerthaus
Werthmannstr.
Schreiberstr.
Dreisamstr.
Schillerstr.
Kaiserbr.
Leo-Wohleb-Str.
Kartäuserstr.
Kronenbrücke
Faulerbad
Rotteck-gymn.
01
02
03
04
05
06
07
08
09
10
11
12
13
14
31a
31

Freiburg
Stadtwald
Brombergfelsen
Silberdobel
Stadtteil Günterstal (zu Freiburg)
Schauinslandstraße
Jägerbrünnele
Günterstal
17

Lebendige und überschaubare Metropole

Freiburg ist eine moderne, lebendige Universitätsstadt, im Kern historisch, aber alles andere als verkrustet. In ihren mittelalterlichen Gassen mit den schönen Geschäften und in den gemütlichen Cafés und Restaurants fühlen sich Einheimische, Studenten wie auch Besucher gleichermaßen wohl. Nichts erscheint gigantisch – alles ist grundsolide.

ALLGEMEIN

Den Ursprung der Universitätsstadt (210 000 Einw.) bildete eine 1091 auf dem Schlossberg erbaute Burg der Herzöge von Zähringen. Marktrecht, verkehrsgünstige Lage und reiche Silbervorkommen im Schwarzwald verhalfen Freiburg rasch zu Wohlstand. Bereits 1200 wurde mit dem Bau des Münsters begonnen. Beim Ausbau der Stadt im 13. Jh. entstanden die Freiburger Bächle (1246) für Löschwasser und Wasser für Tiere und Gewerbe.1368 kauften sich die Freiburger Bürger von den Zähringern los und stellten sich unter die Herrschaft der aufstrebenden Habsburger. 1457 stiftete Erzherzog Albrecht von Österreich die Freiburger Universität, eine der ältesten habsburgischen Universitätsgründungen. Nach dem Dreißigjährigen Krieg wechselte Freiburg mehrfach zwischen Frankreich und Österreich, bis Napoleon die Stadt 1805 dem neu geschaffenen Großherzogtum Baden eingliederte.

Information

Tourist-Information, Rathausplatz, 79098 Freiburg, Tel. 0761 38 81 88 0, www.freiburg.de

Tipp

Mit Bärbele unterwegs

Stadtführung einmal anders: Nach Sektempfang im Gasthaus „Zum Roten Bären" geleitet das in Tracht gekleidete Schwarzwaldmädle „Bärbele" vom Schwabentor durch die Konviktstraße zum Münster. Unterwegs hat die Schauspielerin den Tourgästen allerhand Spannendes und Amüsantes rund um Freiburg zu erzählen. Mit einem Glas gekühlten Gutedel und einem kleinen Schwarzwälder Schinkenvesper klingt die Tour direkt auf dem Münsterplatz aus.

Timewalking/Timetalking, Batzenbergstraße 3a, 79227 Schallstadt, Tel. 07664 404 07 28, www.timewalking.de

Blick ins Freiburger Stadttheater an der Bertholdstraße

SEHENSWERT

Münsterplatz

Das Zentrum Freiburgs bildet das **01** **Münster Unserer lieben Frau** ▶TOPZIEL (um 1200 bis 1513). Vom Historischen Kaufhaus (Südseite des Münsters) hat man einen guten Überblick über die Baustile: Hahnentürme und Querschiff sind in spätromanischem Stil erbaut, orientiert am Basler Münster. Als sich 1220 die Formen der französischen Gotik durchsetzten, wurde Straßburg Vorbild für den Weiterbau des Münsters. Spätestens um 1330 wurde der bis dahin beispiellose Westturm vollendet, gekrönt von dem 43 m hohen, filigran durchbrochenen Helm. Da die gedrungene romanische Apsis und die niedrigen Hahnentürme nicht mehr so recht in das gotische Gesamtbild des Münsters passten, wurden die Türme erhöht, und im Osten wurde ein verlängerter Chor mit einem Kapellenkranz gebaut. 1620 wurde eine Renaissancehalle an der Südseite des Querschiffes angefügt. Eine Besichtigung des Innenraums ist an einem sonnigen Tag um die Mittagszeit besonders schön. Sehenswert das 1516 fertiggestellte Hochaltarbild von Hans Baldung Grien (www.freiburgermuenster.info; außerhalb der Gottesdienste Mo.–Sa. 10.00 bis 17.00, So. und Fei. 13.00–19.30; Chor und Kapellenkranz Mo. 13.00–16.00, Sa. 10.00–11.15 und 12.30–15.30, So. und Fei. 13.00–16.00; Turm Mo.–Sa. 9.30–16.45, So. und Fei. 13.00 bis 17.00 Uhr).
Auf der Südseite des Münsters fällt das **Historische Kaufhaus** mit roter Fassade auf, 1520 bis 1532 als städtische Markt-, Zoll- und Finanzverwaltung errichtet. An der Nordseite baute die Stadt 1498 das **Kornhaus** als Vorratsspeicher, das auch als Schlachthaus genutzt wurde. Sein markanter Treppengiebel wurde nach der Zerstörung im Zweiten Weltkrieg anhand von Plänen aus dem 15. Jh. wieder aufgebaut (heute Café). Im Osten des Münsterplatzes steht die **Alte Hauptwache** von 1733, in der 30 Weingenossenschaften und -güter Weinspezialitäten der Region anbieten.

Altstadt

Richtung Herrenstraße, durch die der Hauptkanal der Freiburger Bächle fließt, liegen hinter der „Alten Wache" die ehem. Werkstätten der **Alten Münsterbauhütte** (16. Jh.) mit dem einzigen in der Stadt erhaltenen Sichtfachwerk des späten Mittelalters (Münsterladen des Münsterbauvereins). Gegenüber erhebt sich das neuromanische **02** **Erzbischöfliche Ordinariat** (bis 1906) mit reich verzierter Sandsteinfassade. Die dortige Schoferstraße führt zur heutigen Münsterbauhütte, die mehr als zehn Steinmetze und Bildhauer beschäftigt und seit 2005 erstmals von einer Münsterbaumeisterin geleitet wird (Führung Sa. 14.00 Uhr ab Alte Münsterbauhütte).
Benachbart liegt eines von Freiburgs schönsten Gässle, die **03** **Konviktstraße**, zugleich beispielhaft für geglückte Altstadtsanierung. Die Konviktstraße führt in das älteste Siedlungsgebiet Freiburgs, das Gebiet um Oberlinden mit dem **04** **Schwabentor** (13. Jh).
Unweit vom Schwabentor geht es hinab in die „Insel", die zum **06** **Augustinerplatz** führt, der sich wie eine italienische Piazza öffnet. Zwischen Gerberau, Fischerau und Grünwälderstraße gibt es viel zu sehen und zu kaufen. Folgt man der Gerberau, steht man vor Freiburgs zweitem erhaltenen Stadttor, dem **07** **Martinstor** (urspr. 13. Jh.). Hier öffnet sich die Kaiser-Joseph-Straße, die von Einheimischen kurz „Kajo" genannte Freiburger Haupteinkaufsstraße mit zahlreichen Filialisten. Am

modernen Bertholdbrunnen kommen die Freiburger Straßenbahnen und Busse zusammen. Ein kurzer Abstecher westl. führt zum bis 1911 errichteten historisierenden Kollegiengebäude der 08 **Universität.** Vorbei an den neueren Kollegiengebäuden gelangt man zum 13 **Neuen Rathaus**, das Ende des 19. Jh. durch den Umbau eines Renaissance-Doppelhauses entstand. Daneben steht das **Alte Rathaus,** zwischen 1557 und 1559 aus mehreren Häusern zusammengefügt und heute Tourist-Information. Nord- und Ostseite des Rathausplatzes bestimmt das ehem. **Franziskanerkloster** (urspr. 13. Jh), in dem Berthold Schwarz 1359 angeblich das Schießpulver erfunden hat. Über die Franziskanergasse mit dem prächtigen **Haus Zum Walfisch** (1516) gelangt man wieder zur „Kajo", an der weiter links der 14 **Basler Hof** (Ende 15. Jh.) steht, urspr. Exilresidenz des Baseler Domkapitels und heute Sitz des Regierungspräsidenten.

Das Colombischlössle in seinem als englischer Landschaftsgarten angelegten Park

Tipp

Musik, Theater, Kabarett

Sommer und Musik gehören in Freiburg seit mehr als 25 Jahren zusammen – was mittlerweile beinahe weltweit bekannt ist. Seit 1983 lockt das Zelt-Musik-Festival die Menschen vor die Tore der Stadt auf das Mundenhofgelände. Ursprünglich eine alternative Veranstaltung, ist das ZMF nunmehr ein Event, das Musikbegeisterte weit über die Region hinaus anzieht. In verschiedenen Zelten und auf Freiluftbühnen gibt es Musik, Kunst, Theater, Kabarett und Sport. Mancher geht auch nur hin, um in Ruhe den Sonnenuntergang bei einem Glas Wein mit Freunden zu genießen – natürlich umweltfreundlich mit Tram und Zubringerbus.

Zelt-Musik-Festival, Rehlingstraße 6e, 79100 Freiburg, Tel. 0761 504 03 33, www.zmf.de

Ein Abstecher sollte zum Freiburger 09 **Hauptbahnhof** führen, dessen Umgebung sehr futuristisch wirkt und zu der auch das 10 **Planetarium** gehört (Infos unter www.planetarium-freiburg.de, Bismarckallee 7g).

MUSEEN

Überraschende Einblicke in die Kunst und Ausblicke auf die Stadt Freiburg bietet das völlig neu gestaltete Kirchenschiff im 06 **Augustinermuseum**. Neben den Basler Sammlungen und dem Unterlindenmuseum in Colmar ist das Augustinermuseum eines der wichtigsten Museen für Kunst und Kultur des Oberrheingebiets vom Mittelalter bis zum 20. Jh. (Gerberau 15, www.freiburg.de/museen; Di.–So. 10.00 bis 17.00 Uhr). Ganz in der Nähe liegt das 06 **Naturmuseum** mit Sammlungen zur Erdgeschichte und zu Bodenschätzen der Region. 2014 soll die Neugestaltung des Museums abgeschlossen sein. (Gerberau 32, www.freiburg.de/museen; Di.–So. 10.00–17.00 Uhr). Das 06 **Museum für Neue Kunst** zeigt Malerei und Skulptur von der klassischen Moderne bis zur Gegenwart. (Marienstraße 10a, www.freiburg.de/museen; Di.–So. 10.00–17.00 Uhr).
Das Schwabentor beherbergt eine 04 **Zinnfigurenklause**, die mit rund 9000 Zinnfiguren geschichtliche Ereignisse aus der Region darstellt (www.zinnfigurenklause.de; ab 3. Sa. im Mai–3. Okt. Di.–Fr. 14.30–17.00, Sa. und So. 12.00–14.00 Uhr) Das 01 **Haus Zum schönen Eck** wurde 1761 vom Rokoko-Maler, Bildhauer und Architekten Johann Christian Wentzinger (1710–1797) erbaut; das für die damalige Zeit mit Malerei und Skulpturen ungewöhnlich reich geschmückte Haus ist heute **Museum für Stadtgeschichte** (Münsterplatz 30, www.freiburg.de/museen; Di.–So. 10.00–17.00 Uhr). Archäologie wird im neugotischen 11 **Colombischlössle** (1861) erlebbar: Funde aus der Altsteinzeit bis zum Frühmittelalter und wertvolle Grabbeigaben aus keltischen Fürstengräbern (Rotteckring 5, www.freiburg.de/museen; Di. bis So. 10.00–17.00 Uhr). Das 11 **Uniseum** der Albert-Ludwigs-Universität bietet Einblicke in Alltagsleben, Forschungsarbeit und Lehre der Universität seit dem 15. Jh. (Bertholdstraße 17, www.uniseum.uni-freiburg.de; Do. 14.00–18.00, Fr. 14.00–20.00, Sa. 14.00–18.00 Uhr).
Figuren und Szenen der Freiburger Fastnacht sind im 12 **Fasnetmuseum** ausgestellt (Turmstraße 14, www.breisgauer-narrenzunft.de; Sa. 10.00–14.00 Uhr, zur Fastnachtszeit täglich).
In dem 15 **Kunsthaus L6** hat Freiburg im Stadtteil Zähringen einen Ausstellungsraum geschaffen, der aktuelle Kunst aus der Region präsentiert (Lameystraße 6, www.freiburg.de/kunsthausl6; bei Ausstellungen Do. und Fr. 16.00–19.00, Sa. und So. 11.00–17.00 Uhr). Der 05 **Kunstverein Freiburg**, 1827 gegründet, zählt zu den ältesten Deutschlands; auch er stellt die zeitgenössische Kunst in den Mittelpunkt (Dreisamstraße 21, www.kunstverein-freiburg.de; Di.–So. 12.00–18.00, Mi. 12.00 bis 21.00 Uhr).

AKTIVITÄTEN

Rund um Freiburg-Günterstal kann man auf einer Fläche von 100 ha mehr als 1300 heimische und fremdländische Bäume und Sträucher aus fünf Kontinenten und etwa 60 Ländern kennenlernen. Rundwege führen durch das 17 **Arboretum**, alle beginnen in der Nähe von

Straßenbahnhaltestellen oder Parkplätzen (www.biologie.uni-ulm.de/extern/guenterstal). Ein Abstecher in den 700 qm großen Heilkräuter- und Bibelkräutergarten des **Klosters St. Lioba** lohnt auf alle Fälle (www.kloster-st-lioba.de; Mo.–Fr. 10.00–12.00 und 14.30–17.30, Sa. und So. 10.30–12.00 und 14.00–17.00, Führungen meist Sa. 14.30 Uhr).
Auf dem Schlossberg sind im **16** **Nordic Fitness Park** attraktive Routen ausgewiesen, die sich in Länge und Schwierigkeitsgraden unterscheiden (www.freiburg.de, Stichwort Nordic Fitness Park). Stadterkundungen per Rad, joggend oder mit Nordic-Walking-Stöcken kann man unter www.freiburg-aktiv.de finden.

EINKAUFEN

An rund 100 Ständen bieten Händler (Südseite) und Erzeuger (Nordseite) ihre Waren auf dem Freiburger **Markt** rund ums Münster an (Mo. bis Sa. 7.30–13.30 Uhr). Kleine Läden und Werkstätten, Cafés undRestaurants sind in der **Konviktstraße,** in der **Gerberau** und der **Fischerau** zu finden. Die **Kaiser-Joseph-Straße** gleicht mit zahlreichen Filialisten vielen Hauptstraßen anderer Großstädte.

HOTELS & RESTAURANTS

Das zu den besten Hotels Deutschlands zählende **€€€€ Colombi** bietet neben Luxus auch Gourmet-Küche (Rotteckring 16, 79098 Freiburg, Tel. 0761 21 06 0, www. colombi.de). Das **€€€ Zum Roten Bären** ist ein Freiburger Traditionshaus direkt beim Schwabentor (Oberlinden 12, 79098 Freiburg, Tel. 0761 38 78 70, www.roter-baeren.de).
Die Küche der **€€€ Kreuzblume** zeigt französischen Einfluss (Konviktstraße 31, Tel. 0761 3 11 94, www.hotel-kreuzblume.de). Der **€€ Große Meyerhof** lohnt besonders für Freunde badischer Küche (Grünwälderstraße 1, Tel. 0761 383 73 97,www.großer-meyerhof.de; So. und Fei. Ruhetag).

VERANSTALTUNGEN

Die alemannische **Straßenfasnet** am Fastnachtssonntag und Rosenmontag hat nichts mit rheinischem Karneval zu tun, sondern ist eine kulturgeschichtliche Besonderheit am Oberrhein. Kulturbegeisterte kommen beim **Freiburger Münstersommer** auf ihre Kosten, Weinliebhaber beim **Freiburger Weinfes**t im Juni oder Juli. Fast zeitgleich findet das **Internationale Zelt-Musik-Festival** auf dem Mundenhofgelände statt (siehe Tipp S. 38).

DuMont Aktiv

Zu den heiligen Hütten

Die Heiligen heißen Ottilie, Valentin und Barbara und so mancher Freiburger pilgert wenigstens einmal pro Jahr zu diesen magischen Plätzen – besser gesagt zu den dort etablierten Gasthäusern. Feine regionale Küche und ausgesuchte Weine belohnen die körperliche Anstrengung. Weniger Sportliche fahren mit dem Auto.

START AM SCHLOSSBERG

Unweit des Schwabentors in Freiburg beginnt auf dem Schlossberg ein gemütlicher Wanderweg zur heiligen Ottilie, der Schutzpatronin Augenleidender. Bevor man sich auf den Weg macht, sollte man den 35 m hohen Schlossbergturm besteigen, der eine grandiose Aussicht bietet. Nach einer Stunde Wandern öffnet sich eine kleine Lichtung mit Wallfahrtskapelle, Wirtshaus und Biergarten.

Aussichtsturm auf dem Schlossberg

BEI VALENTIN UND BARBARA

Die Kapelle des heiligen Valentin ist zwar längst verschwunden, dafür steht der „Valentin" für leckere Speckpfannkuchen und badische Gemütlichkeit. In der Nähe der Günterstaler Straßenbahnhaltestelle „Wiesenweg" beginnt der Friedenspfad. Von diesem Pfad führt im letzten Drittel links ein kurzer Abstecher zum „Valentin". Barbara, die Schutzpatronin der Bergleute, findet man von der Straßenbahn-Endhaltestelle in Littenweiler über die Lindenmattenstraße, an den PH-Gebäuden vorbei zum Dorfplatz. Von dort nach oben zum Waldparkplatz und schließlich rechts zum Gasthaus mit gigantischer Aussicht.

WEITERE INFORMATIONEN

St. Ottilien: Kartäuser Straße 135 Tel. 0761 6 32 30, www.st-ottilien.com; April–Okt. Mo.–Sa. ab 12.00, So. und Fei. ab 10.00 Uhr, Nov. bis März nur Sa. und So.
St. Valentin: Valentinstraße 100, Tel. 0761 70 77 7 48, www.sankt valentin.eu; April–Okt. Mo. ab 18.00, Di.–Sa. ab 12.00, So. und Fei. ab 11.00 Uhr, Nov.–März Mo. geschl.
St. Barbara: Sonnenbergstraße 40, Tel. 0761 69 6 70 20, www.st-barbara-freiburg.de; April–Okt. Di.–Sa. 15.00–22.00, So. und Fei. 12.00 bis 22.00 Uhr

Berge, Wein und heiße Quellen

Die Umgebung Freiburgs bietet alles, was man zur Erholung braucht. Vor allzu großer Sommerhitze schützen die Höhen des Schwarzwalds, dessen klare Seen überdies Abkühlung versprechen. Die Reben vor den Stadttoren sind besonders schön, wenn sich das Laub im Herbst färbt, und die Obstbäume im Frühjahr, wenn sie Markgräflerland und Kaiserstuhl in einem Blütenmeer versinken lassen. Und sollte es einmal kälter sein, wärmen heiße Quellen Körper und Seele.

Ausblicke am Kaiserstuhl: Bickensohl, Oberrotweil und flurbereinigte Hänge, im Blau verschwimmen Rheintal und Vogesen

Wörtlich genommen hat man es in Leiselheim mit des Kaisers Stuhl. Weinberge prägen die Landschaft am Kaiserstuhl und Tuniberg

Seit dem Dreißigjährigen Krieg ist Staufens Burg eine Ruine.
Die Reben reichen bis an die alten Wälle heran

Gerade mal zwei Stunden und schon hat man den Tuniberg bezwungen. Der kleine Lössberg im Westen Freiburgs ist fast elf Kilometer lang und kaum fünf Kilometer breit. Wer auf dem Bergrücken von Munzingen im Süden nach Gottenheim im Norden wandert, wird mit großartiger Sicht auf die Vogesen im Westen, den Kaiserstuhl im Norden und Freiburg und den Schwarzwald im Osten belohnt. Wie ein Inselchen liegt der Tuniberg in der Oberrheinebene, begleitet von seinem großen Bruder, dem Kaiserstuhl, von Rhein und Autobahn umflossen, umrahmt von acht Dörfern, die vom Weinbau geprägt sind. Doch von Autos und anderen zivilisatorischen Errungenschaften spürt man hier wenig. Wer oberhalb von Munzingen bei der Ehrentrudiskapelle steht, ist zwar noch nahe der Stadt Freiburg und doch schon ganz weit weg.

SÜDLÄNDISCHE INSELBERGE

An Tuniberg und Kaiserstuhl kommen Naturliebhaber auf ihre Kosten. Seltene Pflanzen- und Tierarten sind im milden Klima der Oberrheinebene heimisch geworden. Den so fruchtbaren, ockergelben Lössboden hat der Wind nach den Eiszeiten aus den großen Schotterfeldern der Rheinlandschaft ausgeblasen und am Tuniberg und Kaiserstuhl abgelegt. Diese samtweiche, flaumleichte Erde ist sehr nachgiebig. Schritt und Tritt von Bauern und Tieren, Räder von tausenden Ochsenkarren und Sturzregen haben über Jahrhunderte tiefe Hohlwege in die Erde eingegraben. Die Wände rechts und links wurden immer höher und steiler, zum Teil sind sie fast 15 Meter hoch. So entstanden in den Weinbergen verzweigte Systeme von Zugangswegen, von denen am Kaiserstuhl noch sechs als flächenhafte Naturdenkmale erhalten sind. Die Eichgasse in Bickensohl unter anderem führt zu einem der eindrucksvollsten Hohlwege am Kaiserstuhl.

Der Kaiserstuhl bietet Wein ideale Bedingungen.

Der Kaiserstuhl ist eine dörfliche Landschaft, geprägt vom Weinbau, der zwischen 1970 und 1988 eine tiefgreifende Veränderung erlebte, als die alten Kleinterrassen in gewaltigen Erdbewegungen zu großen Terrassenflächen umgeformt wurden. Damit wurden aber auch Äcker, Feldobst und Sonderkulturen verbannt. War das ein Irrweg? Heute besinnt man sich zunehmend wieder auf den Wert der einzigartigen Kulturlandschaft Kaiserstuhl mit ihrer historischen Terrassenlandschaft.

ENDINGEN UND BREISACH

Neben den Weinbaudörfern sind am Rand des Kaiserstuhls zwei sehr unterschiedliche Kleinstädte entstanden: das mittelalterliche Endingen am Nordrand und die Europastadt Breisach, die genau genommen schon nicht mehr im Kaiserstuhl liegt. Wer Endingen durch das Königschaffhausener Tor betritt, taucht in ein Landstädtchen ein, das sich seinen Charme über die Jahrhunderte erhalten konnte. Schon von weitem zeigt sich der Breisacher Münsterberg mit dem Stephansmünster. Rund 35 Meter ragt er über die Rheinebene auf. Bereits vor über 4000 Jahren lebten steinzeitliche Jäger auf dem Berg – er ist damit einer der ältesten Siedlungsplätze des Oberrheingebiets. Und weit lässt sich von ihm nach Frankreich hinüber blicken – das sich immer wieder als schicksalbestimmend erwies. Bereits im ausge-

Ein Fanfarenzug gehört nicht nur in Bahlingen
zu einem zünftigen Weinfest

Die Marienkrönung ist das Thema des Schnitzaltars
im Breisacher Münster

Hoch über der Stadt ragt das Breisacher Münster auf. Beim Münsterberg handelt es sich um einen Ausläufer des Kaiserstuhls

henden 12. Jahrhundert haben auf diesem exponierten Platz die Bauarbeiten für das Stephansmünster begonnen. Wertvolle Kunstschätze wie das Jüngste Gericht Martin Schongauers und der kunstvoll gestaltete Lettner mit seinen filigranen spätgotischen Steinbögen warten im Innern. Und der Hochaltar gilt als einer der schönsten Schnitzaltäre Deutschlands.

ERHOLUNG VOR DER TÜR

Der Kaiserstuhl ist für die Freiburger wichtiges Naherholungsgebiet, aber eigentlich ist die Stadt von Naherholungsgebieten geradezu umzingelt, die in kurzer Zeit erreichbar sind. Im Süden erstreckt sich das Markgräflerland, das angesichts seines milden Klimas und der hügeligen Landschaft gern mit der Toskana verglichen wird. Seine heißen Quellen schätzten schon die Römer wie zuvor auch die Kelten.

Von den dunklen Tannen des Schwarzwaldes über Laubwälder und Weinberge zieht sich die Landschaft von Ost nach West bis zu den Feldern und Wiesen nahe dem Rhein, voll von seltenen Tier- und Pflanzenarten. Doch auch die Menschen hinterließen ihre Spuren und zahlreiche Burgruinen wie in Staufen, Neuenfels, Badenweiler, Sausenburg und Rötteln. In Staufen soll vor rund 500 Jahren der Teufel persönlich den Magier und Alchimisten Johann Georg Faust in die Hölle verführt haben. Im „Gasthaus Löwen" weist eine Schnitzerei am Bettkasten im Zimmer 5 des dritten Stocks den Doktor als Dauermieter aus. Dort sollte er für die Herren von Staufen Gold herstellen – doch nach einer Explosion fand man den Alchimisten tot in seinem Zimmer. Für Fausts Zeitgenossen gab es keinen Zweifel, hier konnte nur der Teufel die Hand im Spiel gehabt haben, von Chemie wussten sie ja noch nichts. Die Herren von Staufen hatten Faust geholt, weil die Silbervorkommen im Münstertal zur Neige gingen und daher Ersatz für diese wichtige Geldquelle dringend

Im Heitersheimer Malteserschloss leben heute Ordensschwestern (oben). St. Trudpert im Münstertal mit seinem Zwiebelturm ist ebenfalls ein Frauenkloster (unten links). Bad Krozingen besitzt eines der schönsten Thermalbäder Südbadens (rechts)

Schloss Bürgeln ist berühmt für seine herrliche Aussicht. An manchen Tagen schimmern die Alpengipfel Eiger, Mönch und Jungfrau am Horizont

Special THERMEN

Es begann mit den Römern

Heiße Quellen sprudeln gleich an mehreren Orten im Markgräflerland und versprechen Erholung.

Wo heute die Cassiopeia-Therme von Badenweiler steht, gründeten die Römer vor rund 2000 Jahren eine Siedlung mit dem Namen „Aquae Villae". Die römische Badruine gilt als die größte Thermenruine nördlich der Alpen. Die Römer weihten die Therme der Schutzgöttin des Schwarzwaldes, Diana Abnoba. Das heilende Wasser kommt schließlich auch aus dem Schwarzwald, erhitzt sich in 500 Metern Tiefe an der Erdwärme und wird an mehreren Stellen des Markgräflerlandes aus der Erde gedrückt – in Badenweiler, in Bad Krozingen und in Bad Bellingen. Das wussten die Römer vermutlich nicht, aber sie brachten ihre hoch entwickelte Badekultur in diese Region, die Erholungsuchende bis heute genießen.

Eine noble Therme: das Markgrafenbad von Badenweiler

vonnöten war. Das Besucherbergwerk Teufelsgrund berichtet von der Bedeutung des Bergbaus im Münstertal, ebenso wie das Landesbergbaumuseum in Sulzburg.

IN DEN LICHTEN SCHWARZWALD

Vom Münstertal führen wildromantische Wege in den Schwarzwald hinein, nach Schönau und Todtnau, zur riesigen ehemaligen Benediktinerabtei St. Blasien mit ihrer Kuppelkirche, die als eine der größten in Europa gilt. Hier im Süden ist der Schwarzwald lichter als im dunklen Norden. Große Wasserflächen wie der Schluchsee, die höchst gelegene Talsperre Deutschlands, und der Titisee bieten Erholung und Wassersportmöglichkeiten. Wer von den Seen aus nach Freiburg zurück fahren möchte, hat keinen leichten Weg vor sich: Zuerst muss man durchs Höllental, bevor man im Himmelreich ankommt. Da aber keine Teufeleien zu erwarten sind, kann man diese Schwarzwaldfahrt richtig genießen. Am schönsten ist die Strecke, wenn man sie mit der Höllentalbahn befährt, schließlich ist sie eine der steilsten Eisenbahntrassen Deutschlands.

INTERVIEW

Pionier am Tuniberg

Heinrich Gretzmeier ist Bio-Winzer der ersten Stunde. Qualität hat für ihn Vorrang, sowohl im Keller als auch in der Straußenwirtschaft, die seine Frau betreibt.

Heinrich Gretzmeier ist seit 1986 Winzer aus Leidenschaft. Er baute das Öko-Wein- und Sektgut Gretzmeier auf

Als Heinrich Gretzmeier 1986 sein Öko-Weingut in Merdingen am Tuniberg gründete, hatte er zu Beginn keinen leichten Stand. Heute finden Gretzmeiers Weine und Schnäpse über die Region hinaus Anklang und sind vielfach mit höchsten Bewertungen ausgezeichnet worden.

Herr Gretzmeier, Sie bezeichnen sich als experimentierfreudigen Traditionalisten. Wann sind Sie zum Experiment bereit und wann setzen Sie auf Tradition?
Dass ich gerne experimentiere, sieht man zum Beispiel am „Zwulcher". Das ist eine Cuvée [Verschnitt] aus Spätburgunder, Cabernet Sauvignon und Regent. Damit habe ich schon früh angefangen, als die Cuvées noch lange nicht so in Mode waren. Traditionalist bin ich bei der Lagerung der Rotweine. Die reifen alle 24 Monate im Holzfass, bevor sie in die Flaschen kommen.

Sie strahlen eine große Begeisterung für Ihren Beruf aus. Ist das das Geheimnis Ihres Erfolgs?
Nun, ich war von Anfang an hochmotiviert. Als Winzer bin ich ja Autodidakt. Eigentlich bin ich Gärtnermeister, Fachrichtung Obstbau. Aber schon während der Meisterschule habe ich meinen Winzerbetrieb gegründet. Das Leben der Reben hat mich schon immer interessiert. Sie können nur aus einem gesunden Rebstock einen guten Wein machen, und dazu ist ein gesunder Boden notwendig.

Ernte im Öko-Weinberg und Gretzmeierscher Wein im „Kaiserstühler Hof" in Breisach

Die Begrünung ist ein wesentlicher Faktor des Bodenmanagements, und da schließt sich der Kreis wieder, da bin ich wieder als Gärtner gefragt. Ich habe mit einem halben Hektar Weinberg angefangen, heute haben wir zehn Hektar.

Schenken Sie in Ihrer Straußenwirtschaft alle Weine aus?
Aber klar, auch die edelsüßen Raritäten. In der Strauße gilt unsere Philosophie, dass Qualität Vorrang hat, genauso wie im Weinkeller. Deshalb wird alles frisch zubereitet, zum Beispiel Bibiliskäs, Flammekuche, Kartoffelsalat, Käsknöpfle und Salat aus dem Garten meiner Schwiegermutter.

Trinken Sie eigentlich auch einmal einen Wein aus Südafrika oder den USA?
Schon. Aber schauen Sie sich doch einmal den Wahnsinn an: Da fliegen Sie den badischen Riesling nach Amerika und den amerikanischen Chardonnay nach Deutschland. Man muss doch nicht die Sachen um die halbe Welt fliegen, nur damit jeder überall alles kaufen kann. Aber im Endeffekt bestimmt der Kunde den Markt. Wenn der Wein billig sein soll und von möglichst weit her, dann haben die regionalen Erzeuger natürlich wenig Chancen.

Und dennoch haben Sie sich durchgesetzt.
Ja, aber wie gesagt, das war nicht einfach. Heute fragen die konventionell anbauenden Kollegen auch mal um Rat, früher war ich eher der Außenseiter. Aber ich habe meine Überzeugung immer vertreten. Am Anfang war ganz wichtig, dass die Bank zu mir gehalten hat, denn um gute Weine, Sekte und Schnäpse zu produzieren, muss man Zeit haben. Der Sekt lagerte erst einmal fünf Jahre im Keller, bis wir die erste Flasche verkaufen konnten. Heute lagert er zehn Jahre, bis wir ihn verkaufen. Auch die Schnäpse müssen geschont werden. Acht Jahre brauchen die schon, um sich zu entwickeln. Heute brennen wir Wildobstarten, deren Bäume wir vor 20 Jahren gesetzt haben.

Bieten Sie auch Weinproben an?
Ja, aber ich tue mich manchmal schon schwer damit, was dem Wein da alles angedichtet wird, was die Leute da alles meinen heraus zu schmecken. Für mich muss ein Wein zum Essen passen, zum Beispiel eine Trockenbeerenauslese zu Ziegenkäse oder auch ein leicht gekühlter Rotwein zu kräftigem Fisch. Am liebsten sind mir Weinproben, wo die Leute Fachliches wissen wollen, zum Beispiel der Einfluss des Bodens auf einen Wein oder der Ausbau im Keller. Nehmen Sie unsere Löss- und Lehmböden hier am Tuniberg. Die sind durchlässig und kalkhaltig, ideal für Spätburgunder. Deshalb machen wir auch 80 Prozent Rotweine und davon wieder 70 Prozent Spätburgunder. Pro Hektar Boden erzeugen wir nicht mehr als 5000 Liter Wein, und die Reben werden in größeren Zeilenabständen als im konventionellen Anbau gepflanzt, damit an feuchten Tagen der Wind besser durchstreichen und die Beeren trocknen kann. Das sind beispielsweise Informationen, die ich den Gästen bei den Weinproben mitgeben will, damit sie den Wein und unsere Philosophie besser verstehen.

Herr Gretzmeier, herzlichen Dank für das Gespräch!

Maßstab 1:200.000
0
2
4km
01
02
03
04
05
Marckolsheim
Wyhl am Kaiserstuhl
Forchheim
Riegel am Kaiserstuhl
Malterdingen
Sasbach am Kaiserstuhl
ENDINGEN am Kaiserstuhl
Bahlingen am Kaiserstuhl
Teningen
EMMENDINGEN
Kaiserstuhl
Eichstetten am Kaiserstuhl
VOGTSBURG im Kaiserstuhl
Bötzingen
Sexau
Gutach im Breisgau
WALDKIRCH
Denzlingen
Reute
Vörstetten
March
Ihringen
BREISACH am Rhein
Gottenheim
Umkirch
FREIBURG im Breisgau
Gundelfingen
Biesheim
Volgelsheim
Merdingen
Kunheim
Sankt Peter
Stegen
Kirchzarten
Oberried
Merzhausen
Schallstadt
Ebringen
Pfaffenweiler
Ehrenkirchen
Bollschweil
Hartheim
BAD KROZINGEN
Fessenheim
Staufen im Breisgau
Schauinsland
Feldberg
HEITERSHEIM
Münstertal/Schwarzwald
Buggingen
SULZBURG
MÜLLHEIM
TODTNAU
Belchen
NEUENBURG am Rhein
Badenweiler
SCHÖNAU im Schwarzwald
Auggen
Kleines Wiesental
Schliengen
Bad Bellingen
Wiesental
KANDERN
ZELL im Wiesental
Route du Rhin
Badische Weinstraße
Grüne Straße

Erlebnis Südbaden

Weinreben prägen die Landschaft am Kaiserstuhl und im Markgräflerland. Genuss wird in dieser Region ganz groß geschrieben, und nicht nur, wenn es um Weine geht. Genussvoll sind auch die Wanderwege in den Weinbergen und im nahen Schwarzwald.

Die Weinreben reichen bis zum Horizont, auch bei Burkheim am Kaiserstuhl

01 KAISERSTUHL

Bis zu 557 m ragt das aus heftigen vulkanischen Aktivitäten im Oberrheingraben entstandene Kleingebirge aus dem Rheintal auf. Die Jahrmillionen alten Ergussgesteine wurden von herangewehten Lössschichten bedeckt, die einen fruchtbaren Boden bilden und den hiesigen Weinbau begünstigen.

Sehenswert

Riegel, gerne als „Freiburg der Antike" bezeichnet, hatte Bedeutung in römischer Zeit als Verwaltungszentrum. Ein archäologischer Rundweg führt zu Fundstellen der Kelten- und Römerzeit sowie des frühen Mittelalters.

In **Endingen** erinnern das ehem. Kornhaus (1617; heute Rathaus), das barocke Haus Krebs am Marktplatz und das Museum im Üsenberger Hof an die vorderösterreichische Epoche der Stadt (Adelshof 20; April–Okt. Mo. bis Fr. 9.00–12.30 und 14.30–18.00, Sa. 10.00 bis 13.00, 1. So. im Monat 10.30–12.30, im Winter kürzer).

Im Naturschutzgebiet **Amolterner Heide** wachsen zahlreiche Orchideenarten. Das Fachwerkhaus „Zu den Fünf Türmen" in **Burkheim** zählt zu den schönsten des Kaiserstuhls und prägt das unter Denkmalschutz stehende Ensemble mit kleinen Bürgerhäusern aus dem 16. bis 19. Jh. Einmalig in Deutschland ist das Korkenzieher-Museum (Mittelstadt 18, www.korkenzieher.de; Mi.–So. 11.00–18.00 Uhr).

In Vogtsburg-**Niederrotweil** steht die älteste Kirche am Kaiserstuhl. Bereits 1157 wurde die Friedhofskirche St. Michael erwähnt.

In **Achkarren** lockt das Weinbaumuseum in einer ehem. Zehntscheuer (Schlossbergstraße; So. vor Ostern–Ende Okt. Di.–Fr. 14.00–17.00, Sa. und So. 11.00–17.00 Uhr).

Aktivitäten

Am **Kaiserstuhl** ▶TOPZIEL kann man wunderbar **wandern** – beispielsweise auf dem 16 km langen Nord-Süd-Weg von Endingen nach Ihrigen. Ungewöhnlich sind die Endinger Gässliwanderungen (Fr. 18.00 Uhr ab Marktplatz). Die Fahrt von Riegel nach Breisach mit dem historischen **Rebenbummler** dauert knapp 2 Std. (Eisenbahnfreunde Breisgau e.V., Lorettostraße 24a, 79100 Freiburg, www.rebenbummler.de; Mai Okt.)

Hotel und Restaurant

200 Jahren Tradition hat die bodenständige badische Küche im €€€ **Winzerhaus Rebstock** (Badbergstraße, 79235 Vogtsburg-Oberbergen, Tel. 07662 93 30 11; Nov.–Febr. Mo. und Di. Ruhetag,). Gegenüber befindet sich das Hotel und Restaurant **Schwarzer Adler**, das wie auch der Rebstock zum Weingut Franz Keller gehört (www.franz-keller.de).

Information

Kaiserstühler Verkehrsbüro, Adelshof 20
79346 Endingen, Tel. 07642 68 99 90
www.endingen.de

02 BREISACH

Schon ein bisschen abseits vom Kaiserstuhl liegt die Europastadt Breisach (14 400 Einw.), in der Frühzeit ein keltischer Fürstensitz. Im 15. Jh. war die Stadt zu einer der stärksten Festungen Europas ausgebaut, die aber 1793 von den Franzosen vollständig zerstört wurde. Im Zweiten Weltkrieg wurde die Stadt erneut in weiten Teilen in Schutt und Asche gelegt, aber innerhalb von zehn Jahren wieder aufgebaut.

Sehenswert

Wahrzeichen Breisachs ist das romanische **Münster St. Stephan** ▶TOPZIEL (12.–15.Jh.), das die Stadt überragt. Bekannt sind der geschnitzte Hochaltar (um 1525) und die Wandmalereien Martin Schongauers, 1491 in Breisach verstorben. Auf dem Münsterberg liegt der historische Stadtkern mit dem **Radbrunnenturm** (um 1200). Im Turm waren Rats-, Gerichts- und Folterstube untergebracht. Von den einst 30 Toren und Wehrtürmen der Stadt sind sechs erhalten. Das **Rheintor** wurde 1675 als Triumphportal am östlichen Ende der damaligen Rheinbrücke erbaut und zählt zu den beeindruckendsten barocken Festungstoren (heute **Kaiserstuhlmuseum**, Rheintorplatz 1; Di.–Fr. 14.00–17.00, Sa., So. und Fei. 11.30 bis 17.00 Uhr) In Breisach hat der **Badische Winzerkeller** seinen Sitz, eine der großen Erzeuger-Kellereien Europas (Zum Kaiserstuhl 16, Tel. 07667 90 00, www.badischer-winzerkeller.de; Kellerführungen mit Weinprobe Di. und Do. 14.00 Uhr).

Aktivitäten

Von Breisach aus sind von April bis Dez. **Rheinfahrten** möglich (BFS Breisacher Fahrgastschifffahrt, Rheinuferstraße/Schiffsanlegestelle, 79206 Breisach, Tel. 07667 94 20 10, www.bfs-info.de), die sich mit der **Museumseisenbahn Rebenbummler** kombinieren lassen (s. Kaiserstuhl). Radler führt der **Kaiserstuhl-Radwanderweg** durch Weinorte an Kaiserstuhl und Tuniberg (64 km; www.kaiserstuhl.com).

Information

Kaiserstuhl-Tuniberg Tourismus, Marktplatz 16,
79206 Breisach, Tel. 07667 94 01 55,
www.kaiserstuhl.cc, www.breisach.de

03 STAUFEN

Erstmals wurde das von seinem Schlossberg überragte Breisgauer Mittelzentrum (7700 Einw.) 770 erwähnt. Aktuell ist Staufen wegen

Rissen an Gebäuden der denkmalgeschützten historischen Altstadt als Folge von Geothermiebohrungen in den Schlagzeilen.

Sehenswert

Über dem Städtchen Staufen erhebt sich weithin sichtbar die **Burgruine**. Im autofreien Ortskern steht am Marktplatz das spätgotische **Rathaus** (urspr. 1546) mit dem Stadtmuseum (Mo.–Fr. 8.00–12.00, Mo. 14.00–18.00, Sa. und So. 14.00–17.00 Uhr) und das **Gasthaus Löwen**, in dem der Teufel 1539 Dr. Faust den Hals umgedreht haben soll. Im **Keramikmuseum** ist eine original erhaltene Töpferwerkstatt zu sehen sowie Wechselausstellungen zeitgenössischer Keramiker (Wettelbrunnerstraße 3, www.landesmuseum.de; Febr.–Nov. Mi.–Sa. 14.00–17.00, So. 11.00–13.00 und 14.00 bis 17.00 Uhr). Das **Puppenstuben- und Puppenmuseum** zeigt Exponate von 1750 bis 1950 (Hauptstraße 25, www.puppenmuseum-freiburg.de; Di.–So. 11.00–18.00 Uhr)

Hotels

Wunderbar am Schauinsland liegt **€€ Die Halde** (79254 Oberried-Hofsgrund, Tel. 07602 9 44 70, www.halde.com).
Das **€€ Spielweg** in herrlicher Landschaft verteilt seine Zimmer auf mehrere Gebäude (Spielweg 61, 79244 Münstertal, Tel. 07636 70 90, www. spielweg.com).

Umgebung

Bad Krozingen besitzt eines der schönsten Thermalbäder Südbadens, die Vita-Classica-Therme mit bis zu 36 °C (www.vita-classica.de; tgl. 8.30–23.00 Uhr).
Das **Münstertal** ist Tal und Gemeinde zugleich. Keimzelle war das Kloster St. Trudpert, im 9. Jh. aus einer Einsiedelei eines irischen Missionsmönchs entstanden. Das nach Zerstörungen im Dreißigjährigen Krieg erbaute helle Kirchenschiff mit acht prunkvollen Altären ist ein Meisterwerk barocker Baukunst (1712/1716). Im Besucherbergwerk Teufelsgrund kann man die 1958 geendete 1000-jährige Bergbaugeschichte des Münstertals verfolgen (www.besuchsbergwerk-teufelsgrund.de; April–Okt. Di., Do. und Sa. 10.00–16.00, So. und Fei. 13.00–16.00, Juli und Aug. auch Mi. und Fr. 13.00–16.00 Uhr).
Auch der **Schauinsland** ▶TOPZIEL (1284 m) hat eine Bergbauvergangenheit. Darüber hinaus bietet die Bergwelt Schauinsland eine Vielzahl Freizeitangebote. (s. Seite 32).
Über das Wiedener Eck führt die Münstertalstraße hinauf zum **Belchen** (1414 m). Der vierthöchste Schwarzwaldgipfel verspricht einen grandiosen Blick zu den Alpen und den Vogesen (Seilbahn ab Obermulten, www.belchen-seilbahn.de; tgl. 9.15–18.00 Uhr).

Tipp

Etwas für Gartenfreunde

Zwei besondere Gärten erwarten Naturliebhaber im Markgräflerland. In Sulzburg wachsen rund 3000 Arten und Sorten winterharter Gartenstauden. Spezialitäten sind Schwert- und Taglilien, Pfingstrosen und Türkenmohn. Das Landhaus Ettenbühl ist auf Rosen spezialisiert. Eine ca. 5 ha große Parkanlage im englischen Stil umfasst verschiedene Themengärten. Wer will, kann sein Rosen-Wissen in Workshops vertiefen.

Staudengärtnerei Gräfin von Zeppelin, Weinstraße 2, 79295 Sulzburg-Laufen, Tel. 07634 6 97 16, www.graefin-von-zeppelin.de
Landhaus Ettenbühl, 79415 Bad Bellingen-Hertingen, Tel. 07635 82 79 70, www.landhaus-ettenbuehl.de

St. Trudpert im Münstertal zeugt von der langen Klostertradition des Schwarzwalds

Information

Ferienregion Münstertal Staufen, Wasen 47
79244 Münstertal, Tel. 07636 70 73 0
www.muenstertal-staufen.de

04 MÜLLHEIM

Müllheim (18 000 Einw.) – seinen Namen hat es von einst zahlreichen Mühlen – ist das geografische und kulturelle Herz des Markgräflerlandes. Die Stadt entwickelte sich im 17. Jh. durch den Weinhandel. Seit 1872 findet am letzten Fr. im April der älteste badische Weinmarkt statt.

Sehenswert

Die **Martinskirche** mit Freskenmotiven des Jüngsten Gerichts (14. Jh.) ist das kulturhistorisch bedeutsamste Gebäude der Stadt; heute dient die Kirche als Konzertsaal. Direkt am Marktplatz steht das klassizistische Blankenhorn-Palais (um 1780) mit dem **Markgräfler Museum** (Wilhelmstraße 7, www.markgraefler-museum.de; Di.–So. 14.00–18.00 Uhr); gezeigt werden Sammlungen zu Weinbau, Regionalgeschichte und zur Kunst am südl. Oberrhein.

Aktivitäten

Alle zwei Jahre (wieder 2017) feiern die Markgräfler an **Christi Himmelfahrt** ein Fest zu Ehren des Gutedels auf der Badischen Weinstraße zwischen Staufen und Müllheim.

Hotel und Restaurant

Der Familienbetrieb **€€ Krone** mit eigenem Weinbau ist ein richtiges Markgräfler Landgasthaus (Eisenbahnstraße 9, 79418 Schliengen, Tel. 07635 477, www.krone-schliengen.de; Mi. ab 15.00 Uhr und Do. Ruhetag).

Umgebung

Im Museum Villa Urbana in **Heitersheim** wird um eine ausgegrabene Villa aus dem 1. Jh. die Zeit der Römerherrschaft lebendig (April–Nov. Di.–Sa. 13.00–18.00, So. und Fei. 11.00 bis 18.00 Uhr). In den Kellergewölben des ehem.

Kanzleigebäudes des Malteserschlosses (um 1750) wird die Geschichte von Schloss und Orden dokumentiert (www.museum-im-schloss.de; Ende März–Anf. Nov. Mi. 13.00–17.00, So. und Fei. 11.00–18.00 Uhr).
Durch Weinberge führt der Weg nach **Sulzburg** mit dem Landesbergbaumuseum in der ehem. Stadtkirche (Marktplatz; Di.–So.14.00–17.00 Uhr). Vom Museum führt ein 5 km langer Rundwanderweg an Stollen und bergbaugeschichtlichen Plätzen vorbei.
Die Thermalquellen in **Badenweiler** nutzten schon die Römer im 1. Jh. n. Chr. An die Cassiopeia-Therme (www.badenweiler.de; tgl. 9.00–22.00 Uhr, Sauna ab 11.00 Uhr) schließt sich unterhalb der Burgruine der Kurpark mit einer üppigen, fast schon mediterranen Vegetation an. Vom römischen Aquae Villae blieben beeindruckende Bäderruinen (April–Okt. tgl. 10.00–19.00, sonst tgl. 10.00–17.00 Uhr).

Information
Werbegemeinschaft Markgräflerland, Wilhelmstraße 14, 79379 Müllheim, Tel. 07631 80 15 01, www.markgraefler-land.com

05 KANDERN

Der 8100-Einw.-Ort war im Mittelalter für Eisenerzbergbau bekannt und ist seit dem 16. Jh. ein Zentrum der Töpferei. 1848 fand in Dorfnähe eine der wesentlichen Schlachten der Badischen Revolution statt.

Sehenswert
Der **Blumenplatz** ist eine schöne klassizistische Platzanlage. Im **Heimat- und Keramikmuseum** sind neben der Geschichte des Töpferhandwerks auch Werke bekannter Keramikkünstler zu finden (Ziegelstraße 30; April bis Okt. Mi. 15.00–17.30, So. 10.00–12.30 Uhr und 14.00–16.00 Uhr).

Umgebung
Richtung Rhein liegt **Bad Bellingen**; auch hier hat heilendes Thermalwasser Ort und Geschichte geprägt (Balinea Thermen: April–Okt. tgl. 8.00–22.00, sonst tgl. 9.00–22.00, Sauna ab 10.00 Uhr).
Nördl. steht das schöne spätbarocke **Schloss Bürgeln** mit traumhaftem Ausblick und schönem Rosenpark (www.schlossbuergeln.de; Führungen März–Okt. tgl. 11.00, 14.00, 15.00, 16.00 und 17.00, sonst Fr.–So. 14.00, 15.00 und 16.00 Uhr).

Information
Tourist-Information, Hauptstraße 18, 79400 Kandern, Tel. 07626 97 23 56, www.kandern.de

DuMont Aktiv

Durch die Lössgassen

Wandern am Kaiserstuhl ist immer ein Erlebnis: Orchideenblüte im Frühling, südländisch anmutende Sommertage, bunte Rebhänge im Herbst und klare, weite Ausblicke im Winter. Durch die schönste Lösshohlgasse des Kaiserstuhls und über dessen höchste Erhebung, den Totenkopf, führt eine Rundwanderung ab Bickensohl.

Steil ragen die gelben Wände rechts und links der Eichgasse nach oben und geben nur ein schmales Stück vom blauen Himmel frei. Insekten schwirren durch die Luft und verschwinden in den Schlupflöchern des weichen Lössbodens.

30 METER HOHER SAND
Reste alter Vorratskeller, seltene Pflanzen und Nistmulden für Vögel finden sich rechts und links der schönsten Lössgasse des Kaiserstuhls. Flugsande aus der Kälteperiode der Eiszeit lagerten sich am Kaiserstuhl ab, teilweise bis zu 30 Meter hoch, in die sich über Jahrhunderte hinweg Wirtschaftswege eingegraben haben. Viele von ihnen sind im Zuge der großflächigen Terrassierung der Rebflächen verschwunden, doch die Eichgasse blieb glücklicherweise erhalten. Der Weg führt aus der Hohlgasse heraus weiter durch Rebzone und Wälder zum Totenkopf (557 m) mit einer grandioser Um- und Aussicht.
Zurück geht es durch Reben, Wiesen und Wald mit immer wieder neuen Aussichten und kurz vor Bickensohl nochmals durch einen Hohlweg, die Lössgasse Bitzingen.

WEITERE INFORMATIONEN

Ausgangspunkt der Rundwanderung ist der Winzerort Bickensohl. **Wegstrecke:** ca. 10,5 km, Abkürzungen sind möglich. Darüber hinaus bietet die Region am Kaiserstuhl und Tuniberg zahlreiche weitere Themenpfade an. **Broschüre und Wanderkarte** sind erhältlich bei Kaiserstuhl-Tuniberg Tourismus, Marktplatz 16, 79206 Breisach, Tel. 07667 94 01 55, www.kaiserstuhl.cc

Fachwerk-romantik und große Kunst

Hochkarätig der Isenheimer Altar, hochkarätig die mittelalterliche Baukunst, hochkarätig der Genuss in Weinstuben und in Restaurants – was Colmar zu bieten hat, beschreibt man am besten mit Superlativen. Dabei ist die Stadt urgemütlich geblieben und macht elsässische Traditionen erlebbar. Auch der Storch darf nicht fehlen: Auf so manchem Dach brüten die prächtigen Vögel, und in Plüsch stehen sie vor den zahlreichen Souvenirläden der Stadt.

Colmars Schmuckstück: Klein-Venedig im abendlichen Lichterglanz

Colmar ist zwar die drittgrößte Stadt des Elsass, wirkt aber nicht nur an der place de l'Ancienne Douane eher wie eine Puppenstube

Einblicke in die Altstadtgassen: Hinter dem Treppentürmchen des Pfisterhauses ragt die Martinskirche auf (links). Jedes Fachwerkhaus ist ein Kunstwerk für sich (rechts)

Zwischen Karlsruhe und Basel, zwischen Schwarzwald und Vogesen gibt es wohl kaum einen Anbieter von Busreisen, der nicht einen Tagesausflug nach Colmar im Programm hat. Täglich steuern zahllose Busse die Hauptstadt des Mittelelsass an, bringen ihre Gäste meist direkt zum Unterlindenmuseum, wo der weltberühmte Isenheimer Altar gezeigt wird, und entlassen sie dann in eine der größten Fußgängerzonen Europas. Colmar ist ein Magnet für Besucher der nahen und fernen Umgebung, und das zu Recht. Es ist eine der schönsten Städte des Elsass mit romantischen Gassen und alten Fachwerkhäusern, mit Bauten aus der Renaissance und Wasserwegen, die entfernt an Venedig erinnern.

Das historische Zentrum Colmars bietet ein hervorragendes Bild mittelalterlicher Bauweisen und steht deshalb unter Denkmalschutz. In den alten Gebäuden haben sich traditionelle und moderne Geschäfte niedergelassen. Alte Weinstuben mit Speisekarten, auf denen traditionell Flammkuchen und elsässisches Sauerkraut angeboten werden, sind hier zu finden und Bistros, die leichte Küche für eine kurze Mittagspause anbieten. Auf alle Fälle sitzt man gerne draußen, sobald es das Wetter erlaubt. Mediterranes Lebensgefühl stellt sich beim sommerlichen Bummel durch die Altstadt ein. Im Winter zieht man sich gerne in Cafés und Bistros zurück, um bei einem Kaffee das Neueste zu diskutieren.

ELSÄSSISCHE WEINHAUPTSTADT

Colmar ist das elsässische Weinbauzentrum mit einer jährlich stattfindenden Weinmesse, die als Gäste auch die badischen Winzer anzieht. Das Elsass und Korsika sind die einzigen Regionen in Frankreich, in denen der sogenannte Regionalrat des Nationalen Instituts für gesetzlich bestimmte Herkunftsbezeichnungen INAO seine Beschlüsse unabhängig von Paris treffen darf – für das zentralistisch regierte Frankreich eine

In der rue de Marchands befindet sich das im 15. Jahrhundert errichtete Haus Zum Kragen

„Café au Croissant Doré" in der rue de Marchands: ein idealer Ort, um dem geschäftigen Treiben auf der Straße gelassen zuzusehen

Geranien, Fachwerk, dunkles Holz: Diese typischen Zutaten Colmars finden sich auch in der rue de Marchands

Den Glauben an die Heilkräfte der Religion demonstriert der Isenheimer Altar. Er allein ist schon eine Reise ins Elsass wert

Special MATTHIAS GRÜNEWALD

Große Nähe zum einfachen Volk

Wer dieser Mathis Gothart Nithart, von den Kunsthistorikern Matthias Grünewald (um 1480–1528) genannt, wirklich war, weiß niemand. In Würzburg geboren, gilt er neben Albrecht Dürer, dessen Schüler Grünewald wohl war, und Bernhard Strigel als der bedeutendste Vertreter der deutschen Renaissance.

Das einzige Zeugnis über Grünewalds religiösen und sozialen Standort gibt sein Werk. Der Künstler, der seinen Lebensunterhalt über Jahre auch als Hofbeamter in Aschaffenburg und als Wasserbauhandwerker verdienen musste, war stark mit dem einfachen Volk verbunden, das ihm für seine Gemälde Modell stand.

In Colmar ist Grünewalds Hauptwerk, der Isenheimer Altar, zu sehen. Dieser dreifache Wandaltar mit zehn Tafelbildern und doppelten Flügeltüren zählt zu den bedeutendsten Kunstwerken des 16. Jahrhunderts. Grünewald hat ihn für das Antoniterkloster in Isenheim geschaffen. Die Antoniter behandelten dort am „Antoniusfeuer“ erkrankte Menschen. Auslöser für das Antoniusfeuer ist der Mutterkornpilz, der zu Darmkrämpfen, Verwirrtheit, Wahnvorstellungen, Absterben von Gliedmaßen bis hin zum Tod führt. Im Mittelalter war der Mutterkornpilz ein weit verbreiteter Brotgetreide-Parasit und wurde oft unwissentlich mit dem Brot verzehrt. Vor Beginn der medizinischen Behandlung durch die Klosterbrüder wurden die Kranken in Isenheim vor den Altar geführt in der Hoffnung, der hl. Antonius könne eine Wunderheilung vollbringen oder den Kranken zumindest geistlichen Trost spenden. Auf den Tafeln sind Schlüsselszenen christlichen Glaubens dargestellt. Die Kreuzigungsdarstellung ist eine der schauerlichsten in der abendländischen Kunst.

Paul Hindemith hat dieser schillernden Künstlerpersönlichkeit Grünewald, die in Halle an der Saale starb, eine Oper gewidmet: „Mathis der Maler“, uraufgeführt 1938 in Zürich.

sehr bemerkenswerte Tatsache. Neben dem Institut hat auch das Komitee der Elsässer Weine, in dem zahlreiche Winzergenossenschaften, Weinhändler und Genossenschaftswinzer vereint sind, seinen Sitz in Colmar. Schon im Mittelalter verschickten die Weinhändler des Elsass ihre Produkte nach ganz Europa. Heute hätten sie gerne, dass Colmar sich stärker als Weinstadt präsentiert und nicht so sehr auf die Museen abhebt. Einmal im Jahr steht Colmar allerdings fast ausschließlich im Zeichen des Weins. Rund 250 000 Besucher probieren und kaufen bei der Weinmesse edle Tropfen und solche für den Alltag und genießen das reichhaltige kulturelle Angebot, das anlässlich dieses sommerlichen Höhepunkts geboten wird.

EIN HORT DER KUNST

Auch wenn die Winzer den Wein gerne mehr betont hätten, Colmar ist und bleibt vor allem wegen eines Kunstwerkes berühmt, einem Hauptwerk abendländischer Kultur. Den Isenheimer Altar sollte jeder gesehen haben, der nach Colmar kommt. Vom Unterlinden-Museum aus gelangt man schnell in die Stadt, zu den zahlreichen bemerkenswerten Bauwerken wie zum Beispiel das Maison des Têtes, das Kopfhaus, das mit mehr als 100 Köpfen geschmückt

Aus Colmar nicht wegzudenken: Kulinarische Genüsse aller Art, vorneweg köstliche Pâtisserie und natürlich der Elsässer Gugelhupf

Elsässer Spezialitäten: Fündig wird man zum Beispiel bei Delikatessen-Vincent in der rue des Boulangers ...

.... oder auf der Weinmesse in Colmar

ist. Dort hatten im 19. Jahrhundert elsässische Weinbauern eine Weinbörse gegründet, die nicht nur für den Handel gedacht war, sondern auch, um gemeinsam ein Glas zu trinken und über den Lauf der Geschäfte zu diskutieren. In der benachbarten Dominikanerkirche ist ein weiteres Kunstwerk ausgestellt, für das sich der Weg nach Colmar lohnen würde, wenn nicht schon so viele andere Gründe für einen Besuch in diesem großen Freilichtmuseum sprechen würden: die meisterliche spätgotische „Madonna im Rosenhag". Sie ist das früheste Gemälde des um 1450 in Colmar geborenen Künstlers Martin Schongauer.

UNTERWEGS INS MITTELALTER

Etwas außerhalb der Fußgängerzone liegt eine weitere Besonderheit Colmars: La Petite Venise oder Klein-Venedig, ein romantisch anmutendes Viertel, das beispielhaft restauriert am kleinen Fluss Lauch liegt. Mit Booten lässt es sich ab der pont St-Pierre erkunden oder zu Fuß entlang der rue de la Poissonnerie, wo einst Fische gehandelt wurden. An der Markthalle vorbei werden die Häuser noch höher und schmaler, um die Dachböden luftig zu halten, sollten hier doch Tierhäute trocknen. Man ist ins Gerberviertel gekommen, wo bis vor 200 Jahren Felle und Leder Lebensgrundlage waren.

Wenn man sich zwischen oftmals reichverziertem Fachwerk und bunten Blumenkübeln weiter treiben lässt, erschließen sich immer wieder wunderschöne Blicke und Perspektiven, und so wird vor allem eines deutlich: Auch neben Kunst und Wein lässt es sich Colmar herrlich erleben – und mit beidem wird die einstige Reichsstadt zum unvergesslichen Erlebnis.

SPARGEL

Ein königliches Gemüse

Die Bedingungen sind für den Spargel im Dreiländereck ideal: Fruchtbare Böden in der Rheinebene und mildes Klima machen die Gegend zur Hochburg des „königlichen“ Gemüses. Im Elsass gibt es sogar eine Spargelbruderschaft.

Die Köpfe müssen fest geschlossen sein, die Stangen sollen quietschen, wenn man sie aneinander reibt, und wenn man sie aneinander schlägt, muss ein heller Ton erklingen. Wenn dann noch der Anschnitt glatt, etwas feucht und nicht faserig ist, dann steht fest, dass man frischen Spargel in Händen hält, vielleicht erst vor wenigen Stunden gestochen. Dieser Test ist vor allem für elsässische und Schweizer Kunden wichtig, da sie im Gegensatz zu den badischen Käufern mehr auf den Lebensmitteleinzelhandel setzen. Die Badener bevorzugen es, beim Spargelbauern direkt einzukaufen und haben dadurch eher eine Frischegarantie. Jeder zweite Haushalt in Deutschland kauft nach einer statistischen Erhebung im Frühjahr frischen Spargel ein – im Markgräflerland und am Tuniberg sind es bestimmt einige mehr.

ÖKOSPARGEL IST GEFRAGT

Die große Nachfrage nach den weißen Stangen hat dazu geführt, dass sich die Anbaufläche für Spargel in diesem Gebiet in den letzten Jahren verdoppelt hat, zwischen Tuniberg und Bad Krozingen an manchen Stellen sogar versechsfacht. Da lohnt es sich, hinzuschauen, woher der Spargel kommt, denn der Spargel nimmt sein Umfeld mit in den Kochtopf und schmeckt entsprechend, wie der ökologische Spargelbauer Klaus Vorgrimmler aus Munzingen betont. Bei ihm wird nur organisch gedüngt, das heißt mit Kuhmist, dessen Mikroorganismen das Bodenleben vitalisieren und fördern. Man sollte das nicht überbewerten, aber ein organisch gedüngter Spargel kann leichter diesen typischen zarten, feinherben Geschmack entwickeln, wogegen mit Kunstdünger gepflegter Spargel oftmals langweiliger schmeckt. Außer Wasser – und von dem auch nicht zu viel – und ein paar wenigen Gewürzen, vielleicht einem Schuss Zitronensaft, braucht der Spargel eigentlich nicht viel, um sein typisches Aroma zu entfalten.

Die steigende Nachfrage nach Spargel hat in den letzten Jahren zu einer Verdoppelung der Anbaufläche geführt.

Unter Folie erwacht der Spargel noch früher aus dem Winterschlaf (oben). Die Ernte bleibt eine anstrengende Knochenarbeit (unten)

In der Falkenstube des Freiburger „Colombi Hotels" werden feine Spargelgerichte serviert

EINE ALTE HEILPFLANZE

Auf den fruchtbaren Böden der Rheinebene gedeiht das weiße Gemüse aus der Familie der Liliengewächse schon seit langem und wurde in seiner wilden Form auch als Heilpflanze eingesetzt. Ursprünglich kommt er aus dem östlichen Mittelmeerraum. Als Erste haben die Ägypter Spargelpflanzen im Nildelta kultiviert, von wo aus sie in der Antike nach Griechenland und Italien kamen, wo die Römer den Spargel bereits so anbauten, wie wir es heute kennen: in hügeligen Reihen, die sich über die Felder ziehen.

Was die Römer nicht kannten, sind die Folien, die heute ab dem zeitigen Frühjahr die Spargelfelder überspannen. Zu Beginn zeigt deren schwarze Seite nach außen, um die Wärme der ersten Sonnenstrahlen in den Boden zu leiten, danach zeigt sich die weiße Seite der Folie, die den Lichteinfall und den Wuchs des Unkrautes reguliert. Und woran die Römer in ihren kühnsten Träumen bestimmt nicht gedacht haben, ist „fußbodenbeheizter" Spargel, der die lukrative Erntesaison um rund zwei Wochen nach vorne verlängert. Spargel wächst sehr schnell, etwa drei bis fünf Zentimeter pro Tag und muss deshalb immer rechtzeitig gestochen werden. Mit Fingerspitzengefühl tasten die Erntehelfer den Boden ab und holen mit einem speziellen Stechmesser die Stangen heraus. Sobald die Spargelköpfe ans Licht kommen, werden sie nämlich violett – und bitter. Gewaschen und sortiert wird die Ernte dann auf dem Hof. Stangen mit mindestens 12 Millimeter Durchmesser gehören zur Klasse „extra", ab zehn Millimeter zur Klasse „eins" und ab mindestens acht Millimeter zur Klasse „zwei". Ist die Zeit des Stechens zu Ende – Johanni ist Pflichttermin –, wächst sich der Spargel zu einer feinblättrigen, reich verzweigten Pflanze aus, die bis zu anderthalb Meter groß werden kann. Im Herbst trägt sie dann rote Beeren.

FAKTEN

Spargelkonsum
Die Deutschen sind beim Spargelkonsum Spitze in Europa. Ein Kilogramm Auslandsspargel und 1,4 Kilogramm Inlandsspargel verzehrt statistisch gesehen jeder pro Jahr. Die Schweizer sind ähnlich begeisterte Spargelesser, aber bei den Franzosen kauft nur jeder dritte Haushalt überhaupt Spargel. Der insgesamt zunehmende Spargelkonsum ist auch dem Grünspargel zu verdanken.

Spargelsaison
Sie beginnt je nach Witterung Anfang/Mitte April und endet an Johanni, also dem 24. Juni. Der Tag wird bei den Spargelbauern auch „Spargelsilvester" genannt. Eine Eselsbrücke bietet die alte Bauernregel: „Kirschen rot, Spargel tot."

FRÖHLICHE SPARGELBRÜDER

Vermutlich wohnen die meisten französischen Spargelfreunde im Elsass. Von ihrem Anbaugebiet Village-Neuf, ganz in der Nähe von Basel, profitieren auch die Schweizer. Da die Franzosen gerne eine Confrérie, eine Bruderschaft, gründen, wenn sie von etwas Kulinarischem begeistert sind, wundert es wenig, dass es in Village-Neuf seit 1985 eine Confrérie des Asperges gibt, eine Spargelbruderschaft. Der erste Artikel ihrer Satzung lautet: „Mitglied der Spargelbruderschaft kann nur werden, wer fröhlich ist, Spargel liebt, etwas von gutem Wein versteht, Gentleman oder Verehrerin des männlichen Geschlechts ist."

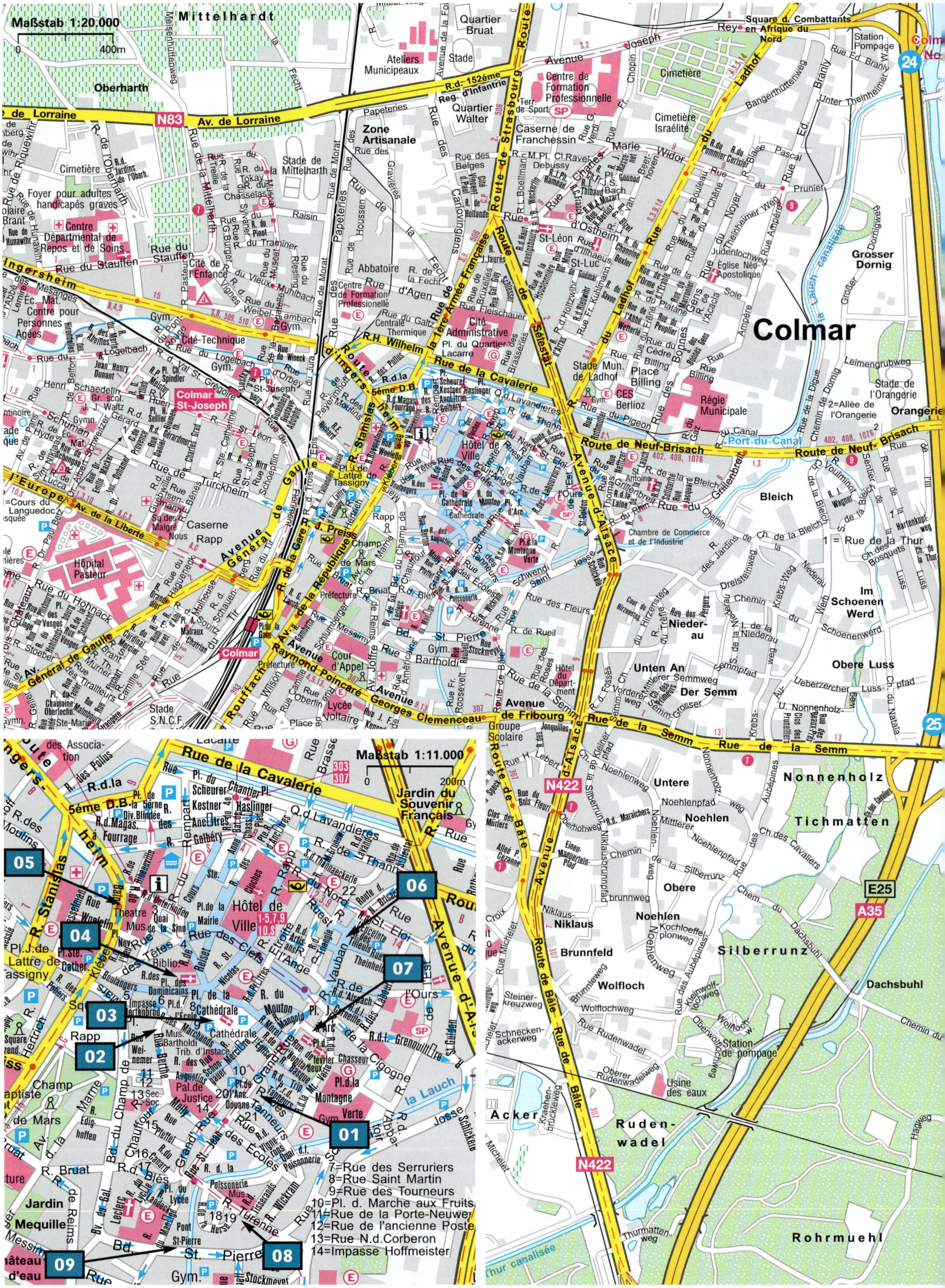

Maßstab 1:20.000
0
400m
Mittelhardt
Oberharth
Quartier Bruat
Ateliers Municipeaux
Stade
Av. de Lorraine
N83
R.d.152ème Reg. d'Infanterie
Quartier Walter
Papeteries
Zone Artisanale
Route de Strasbourg
Centre de Formation Professionnelle
Caserne de Franchessin
Cimetière
Cimetière Israélite
Square d. Combattants en Afrique du Nord
Station Pompage
Rue Ed. Branly
Unter Theinheimer
Bangerthüttenweg
Ladhof
Cimetière
Foyer pour adultes handicapés graves
Centre Départmental de Repos et de Soins
Rue du Stauffen
Cité de l'Enfance
Stade de Mittelharth
Raisin
Abbatoire
Rue de la Fecht
Rue d'Agen
Centre de Formation Professionnelle
Route de Sélestat
Rue de la 1ère Armée Française
Cité Administrative
Pl. du Quartier Lacarre
St-Léon
St-Luc
Rue d'Ostheim
Rue Widor
Grosser Dornig
Colmar
Judenlochweg
Eglise Néo-Apostolique
Centre pour Personnes Agées
Cité-Technique
Colmar St-Joseph
Rue de la Cavalerie
R.H. Wilhelm
Stade Mun. de Ladhof
CES Berlioz
Place Billing
Régie Municipale
Port-du-Canal
Route de Neuf-Brisach
Leimengrubweg
Stade de l'Orangerie
2=Allée de l'Orangerie
Orangerie
Caserne Rapp
Hôpital Pasteur
Rue de Turckheim
Avenue Général de Gaulle
Av. de la Liberté
Av. de l'Europe
Hôtel de Ville
Pl. de la Cathédrale
Avenue d'Alsace
Chambre de Commerce et de l'Industrie
Bleich
1 = Rue de la Thur
Im Schoenen Werd
Rue des Fleurs
Nieder-au
Unten An
Der Semm
Obere Luss
Préfecture
Av. de la République
Colmar
Stade S.N.C.F.
Rue Bartholdi
Cour d'Appel
Lycée Voltaire
Avenue Georges Clemenceau
Avenue de Fribourg
Rue de la Semm
Hôtel du Départ-ment
Groupe Scolaire
N422
Route de Bâle
Untere
Noehlen
Nonnenholz
Tichmatten
Obere
E25
A35
Niklaus
Brunnfeld
Wolfloch
Silberrunz
Dachsbuhl
Station de pompage
Usine des eaux
Acker
Ruden-wadel
Rohrmuehl
Thur canalisée
24
25
Maßstab 1:11.000
0
200m
Jardin du Souvenir Français
Rue de la Cavalerie
Rue Stanislas
Théâtre
Hôtel de Ville
Pl. de la Cathédrale
Cathédrale
Rue des Clefs
Grand'Rue
Pl. du Marché
Pl. de la Montagne Verte
la Lauch
Champ de Mars
Jardin Mequille
Rue de Reims
St. Pierre
Bd. St-Pierre
Gym.
Pal.de Justice
Pl.d.l'Anc. Douane
05
04
03
02
01
06
07
08
09
7=Rue des Serruriers
8=Rue Saint Martin
9=Rue des Tourneurs
10=Pl. d. Marche aux Fruits
11=Rue de la Porte-Neuwe
12=Rue de l'ancienne Poste
13=Rue N.d.Corberon
14=Impasse Hoffmeister

Viel mehr als Kunst

Colmar nannte sich einst Columbarium, Taubenhaus. Heute spielen Tauben nur noch eine untergeordnete Rolle in der Stadt. Eher sieht man hier Störche, nicht nur in den Souvenirläden, auch in den kreisrunden Nestern auf den höchsten Dächern der historischen Gebäude. Diese stellen touristisch den größten Schatz der Stadt dar – wären da nicht Kunstwerke von überragendem Rang, allen voran der Isenheimer Altar im Unterlinden-Museum.

ALLGEMEIN

Colmar ist mit 69 000 Einw. nach Straßburg und Mulhouse die drittgrößte Stadt im Elsass und Hauptstadt des Département Haut-Rhin (Hochrhein bzw. Oberrhein). Nachdem Kaiser Friedrich II. das 823 erstmals genannte Colmar 1226 zur Freien Reichsstadt erhoben hatte, konnte es sich zu einem bedeutenden Handelsplatz im Oberelsass entwickeln. Ab 1678 gehörte es zu Frankreich. Von 1871 bis 1919 war die seinerzeit für ihre Textilproduktion bekannte Stadt deutsch, dann wieder französisch. 1940 besetzten deutsche Truppen das Elsass. Colmar blieb von den Kämpfen während des Zweiten Weltkrieges weitgehend verschont, so dass die historischen Gebäude heute von Reichtum und Bedeutung der Stadt erzählen können.

Colmar war die erste Stadt in Frankreich, die ihre architektonischen Schätze ins rechte Licht setzte. 900 computergesteuerte Lichtquellen sind über die Stadt verteilt und so installiert, dass sie architektonische Besonderheiten an Häusern und in Gassen beleuchten. Bei Einbruch der Dämmerung beginnt der Lichterzauber, je nach Jahreszeit in unterschiedlichen Farben und Stimmungen. Fr., Sa. und bei herausragenden Ereignissen wie dem Musikfestival, der Weinmesse oder zur Weihnachtszeit lenken dynamische und statische Lichtquellen das Auge des Besuchers auf die Besonderheiten der Stadt.

Information

Office de Tourisme, 32, cours Sainte-Anne, F-68000 Colmar, Tel. 0033 (0)3 89 20 68 92, www.ot-colmar.fr

SEHENSWERT

Die von diversen historischen Bauten gesäumte **Grand' Rue** durchzieht die beachtenswerte Altstadt und führt zum Obstmarkt und damit zur 01 **Ancienne Douane** oder zum Koifhus (Altes Kaufhaus), wie die Elsässer sagen. Es ist das älteste öffentliche Gebäude der Stadt. 1480 gebaut und später erweitert (16. bis 18. Jh.), war es wirtschaftliches und politisches Zentrum. Im Erdgeschoss befanden sich Warenlager und Zollhallen. Im ersten Stock lagen die Versammlungsräume für die Abgeordneten des 1354 von zehn elsässischen Reichsstädten gegründeten Zehnstädtebundes (bis 1648); die Fenster des einstigen Sitzungssaals zeigen noch die Wappen der zehn Städte. Geht man durch den Torbogen, kommt man zum **Schwendibrunnen** auf dem gleichnamigen Platz, der dem kaiserlichen Berater und Feldherrn Lazarus von Schwendi (1522–1584) gewidmet ist; der Bildhauer Fréderic Auguste Bartholdi (1834–1904) hat diesen Brunnen 1898 geschaffen – wie übrigens auch die Schongauer-Skulptur (1863) im Unterlinden-Museum. Berühmt wurde Bartholdi allerdings mit einem anderen Werk: der Freiheitsstatue im New Yorker Hafen, einem Geschenk Frankreichs (1886) an die Vereinigten Staaten zum Unabhängigkeitsjubiläum.

Über die rue des Marchands gelangt man in wenigen Schritten zur 02 **Maison Pfister**. 1537 für den reichen Hutmacher Ludwig Scherer aus Besançon im Renaissancestil errichtet und reich bemalt, zählt es zu den schönsten Häusern der Stadt; ungewöhnlich ist der zweigeschossige Eckerker, der in einem spitzen Turm endet. In der gegenüberliegenden Maison au Cygne (Haus Zum Schwan) soll der Maler und Kupferstecher Martin Schongauer (1445–1491) gewohnt haben.

Gegenüber hat die Stadt Bildhauer Bartholdis Geburtshaus als Museum eingerichtet (30, rue des Marchands, www.musee-bartholdi.com; März–Dez. Mi.–Mo. 10.00–12.00 und 14.00 bis 18.00 Uhr,).

Prächtige Fassade: Maison des Têtes

Durch einen Laubengang gelangt man von der Maison Pfister zur place de la Cathédrale und dem wohl ältesten bürgerlichen Wohnhaus in Colmar, der 03 **Maison Adolphe** (1350); benannt ist es nach dem Eigentümer in der zweiten Hälfte des 19. Jh., der die gotischen Fenster freilegen ließ. In der Nachbarschaft zeugt der Ancien Corps de Garde von Zeiten, als vom verzierten Gerichtslaubenerker die ergangenen Urteile verkündet wurden.

Die 1235–1365 erbaute 03 **Stiftskirche St. Martin** ist eines der bedeutendsten Bauwerke elsässischer Gotik. Die Spitze des Südturms brannte 1572 mitsamt Dachstuhl ab und wurde später durch die zwiebelförmige Laterne ersetzt, die dem Gotteshaus seine charakteristische Silhouette verleiht; ein Nordturm war aus Kostengründen erst gar nicht gebaut worden. Bei 1982 abgeschlossenen Restaurierungen wurden die Fundamente einer früheren, um 1000 gebauten Kirche freigelegt (außer bei Gottesdiensten tgl. 8.30–18.30 Uhr).

Über die rue des Serruriers erreicht man die 04 **Église des Dominicains**. Die frühgotische Dominikanerkirche (13.–15. Jh.) war lange Zeit das geistige Zentrum Colmars und einer der schönsten Bauten des Predigerordens am Oberrhein. Heute ist in der ehem. Kirche neben prächtigen Glasfenstern aus dem 14. u. 15. Jh. Martin Schongauers „Madonna im Rosenhag" zu sehen, die er 1473 für die St.-Martin-Kirche gemalt hatte. Nachdem das Meisterwerk 1972 dort entwendet worden war, ist es nun im

Tipp

Und dazu ein Riesling ...

Man isst ihn zum Wein und manche auch zum Kaffee, er ist weder richtig süß noch salzig: der Gugelhupf, der in jeder Bäckerei und in den vielen Spezialgeschäften für kulinarische Leckereien in Colmar und im Elsass angeboten wird, ist ein Napfkuchen aus Hefeteig mit Rosinen, eine süddeutsche Spezialität. Er wird in einer besonderen Form gebacken, die in der Mitte eine kaminartige Öffnung hat. Mehl, Eier, Milch, Zucker, etwas Salz, Butter, Mandeln, Rosinen und Hefe gehören zu einem guten Gugelhupf. Wichtig ist, dass alle Zutaten Zimmertemperatur haben, damit ein duftig leichter Kuchen entsteht, den die Elsässer vor allem zum Riesling schätzen.

Chorraum der Dominikanerkirche zu betrachten (Mitte März–Dez. 10.00–13.00 und 15.00 bis 18.00 Uhr).

Im Schatten der Dominikanerkirche steht in der gleichnamigen Straße die **Maison des Têtes** (Kopfhaus), 1609 für den Händler Antonius Burger gebaut und ein prächtiges Beispiel für die Architektur der Renaissance. Seinen Namen hat es von den zahlreichen skurrilen Köpfen und Masken, welche die Fassade mit dem über drei Stockwerke reichenden Erker zieren.

Drittes großes Gotteshaus ist 07 **St-Matthieu** an der Grand'Rue, die prachtvolle spätgotische Glasfenster des elsässischen Glasmalers Peter Hemmel von Andlau (15. Jh.) besitzt und bei Konzerten ihre barocke Johann-Andreas-Silbermann-Orgel erklingen lässt.

In die einstige Welt der kleineren Leute gelangt man über die place de l'Ancienne Douane in das **Quartier des Tanneurs** (Gerberviertel) und an der Markthalle vorbei über die ehem. Straße der Fischhändler (rue de la Poissonnerie) nach 09 **La Petite Venise** ▶**TOPZIEL** (Klein-Venedig), wo heute kleine Cafés und Restaurants auf Besucher warten.

Eine der Köstlichkeiten, an denen man in Colmar nicht vorbeikommt: Flammkuchen

MUSEEN

Eines der großartigsten Museen Frankreichs mit internationalem Ruf ist das 05 **Musée d'Unterlinden** ▶**TOPZIEL**, 1852 in einem ehem. Dominikanerinnenkloster eröffnet. Rund um einen Kreuzgang aus dem 13. Jh. werden im Erdgeschoss die Sammlungen alter Kunst vom 12. bis 16. Jh. gezeigt. Im ersten Stock sind Kunstgewerbe und Volkskunst zu sehen, im Untergeschoss moderne Kunst und die archäologischen Sammlungen. Die Sammlung der Malerei des späten Mittelalters und der Renaissance zeigt vor allem Werke oberrheinischer Künstler wie Martin Schongauer. Der Weg durch die Bilder- und Skulpturensammlung führt in die ehem. Kapelle, in der überaus eindrucksvoll das Hauptwerk des Museums, der Isenheimer Altar, aufgebaut ist. An einem Modell an der Wand können die Besucher die für den Verlauf des Kirchenjahres vorgesehenen unterschiedlichen Ansichten des Altars nachvollziehen. Die gemalten Tafeln stammen von Matthias Grünewald, um 1515 für das Isenheimer Antoniterkloster geschaffen (s. auch Seite 59), die Plastiken (um 1500) vom elsässischen Bildschnitzer Niklaus von Hagenau (1, rue d'Unterlinden, www.musee-unterlinden.com; Mai–Okt. tgl. 9.00–18.00, sonst Mi.–Mo. 9.00–12.00 und 14.00–17.00 Uhr).

In Colmars gemütlicher Grand'Rue

Mehr als 1000 m lang sind die Schienen der Modelleisenbahn im 06 **Musée du Jouet** (Spielzeugmuseum). Alles womit Generationen von Kindern gespielt haben, ist dort ausgestellt. Ein von 35 Motoren bewegtes und computergesteuertes Marionettentheater führt die Fabel „Der Fuchs und der Storch" von Jean de la Fontaine auf (40, rue Vauban, www.museejouet.com; Juli und Aug. tgl. 10.00–18.00, Sept. tgl. 10.00–12.00 und 14.00–18.00, Okt., Nov., Jan.–Juni: Mi.–Mo. 10.00–12.00 und 14.00 bis 18.00, Dez. tgl. 10.00–18.00 Uhr).

Das naturgeschichtliche und völkerkundliche 08 **Musée d'Histoire Naturelle et d'Ethnographie** wurde bereits 1859 gegründet. Als eher selten für das Elsass, zeigt es auch nicht auf Europa bezogene Sammlungen (11, rue Turenne; Febr.–Dez. Mi.–Sa. und Mo. 10.00 bis 12.00 und 14.00–17.00, So. 10.00–12.00 und 14.00–18.00 Uhr).

AKTIVITÄTEN

Wer Colmar mit dem **Fahrrad** erkunden möchte, kann sich in einem Pavillon an der 07 Place Rapp ein Velo, wie die Franzosen sagen, ausleihen (April–Okt. tgl. 8.30–12.15 und 13.15 bis 19.15, sonst Mo.–Fr. 9.00–12.00 und 14.00 bis 17.00 Uhr). Radwegepläne gibt es bei der Touristinformation. **Rundgänge** durch Colmar werden im Juli und Aug. tgl. angeboten, ansonsten an Wochenenden oder auf Anfrage. Von Jan. bis Sept. gibt es auch Abendführungen durch die beleuchtete Altstadt. Im Dez. stehen sie unter dem Motto „La Magie de Noël" (Informationen durch Office de Tourisme).

VERANSTALTUNGEN

Das **Festival International de Colmar** im Juli ist stets einem großen Musiker gewidmet (www.festival-colmar.com). Im Aug. steht Colmar im Zeichen des Weines: Die **Foire aux Vins**

d'Alsace ist Messe für Fachbesucher und Interessierte sowie Volksfest mit Freilichttheater, Musikveranstaltungen und kulinarischen Höhepunkten (www.foire-colmar.com).
Im Dez. steht die Stadt im Zauber von **Noël à Colmar** mit Weihnachtsmärkten auf verschiedenen Plätzen sowie in La Petite Venise (s. Tipp; www.noel-colmar.com).

HOTEL & RESTAURANTS

€€€ **Le Colombier** ist ein zentral gelegenes, modernes Hotel mitten in Klein-Venedig (7, rue de Turenne, F- 68000 Colmar, Tel. 0033 (0)3 89 23 96 00, www.hotel-le-colombier.fr).
Das Restaurant €€€ **La Maison des Têtes** befindet sich im gleichnamigen Haus von 1609 (Tel. 0033 (0)3 89 24 43 43; 19, rue des Têtes, www.maisondestetes.com). Die €€ **Wistub Brenner** ist eine rustikale Weinstube mit traditionellen elsässischen Gerichten (Tel. 0033 (0)3 89 41 42 33; 1, rue Turenne, www.wistub-brenner.fr).

Tipp

Weihnachtsromantik

In Colmar stehen von Ende Nov. bis Silvester auf fünf Plätzen geschmückte Holzbuden, die vom Rauschgoldengel bis zu afrikanischem Kunsthandwerk alles anbieten, was irgendwie mit Weihnachten zu tun haben könnte. Auf der place Jeanne d'Arc verkaufen Händler einheimische Produkte, unter anderem auch kulinarische Spezialitäten wie geräucherten Schinken und Eau-de-Vie, „Lebenswasser" also, wie die Franzosen Schnaps nennen. Ein Weihnachtsmarkt besonders für Kinder wird in Petite Venise aufgebaut. Auf der place de l'Ancienne Douane beim und im Alten Kaufhaus ist vielleicht der schönste Teil der Colmarer Weihnachtsstadt. Dort sind auch zahlreiche Kunsthandwerker zu finden.

DuMont Aktiv

Bootstour durch Colmar

Manch skeptischer Blick trifft die schmalen Holzkähne, die am Steg beim Restaurant „La Krutenau" oder bei der Brücke Saint-Pierre anlegen. Aber trotz spartanischer Ausstattung der Boote drängen sich die Touristen an den Anlegestellen, um Colmar aus einer besonderen Perspektive zu besichtigen.

Behutsam setzen die Passagiere einen Fuß nach dem anderen in den alten Kahn, vorsichtig lassen sie sich auf einem der Holzbretter nieder, die zwei, maximal drei Personen Platz bieten. Aufatmen. Das kleine Boot liegt ruhig auf dem Wasser und setzt sich dank eines Elektromotors fast lautlos in Bewegung.

Sehenswertes am Ufer bestaunen ...

COLMARS ZWEI GESICHTER

Sanft gleitet es unter der ersten Brücke durch, die Fahrgäste ducken sich ein bisschen. Notwendig wäre dies nicht, aber die gefühlte Höhe des Brückenbogens ist eindeutig niedriger als die tatsächliche. Durch eine wildromantische Landschaft, unter tief hängenden Zweigen hindurch geht die Fahrt auf der Lauch weiter. Kaum zu glauben, dass ein paar Meter höher das touristische Leben Colmars pulsiert. Erst wenn die blumengeschmückten Fachwerkhäuser und die belebten Restaurant-Terrassen am Ufer erscheinen, tauchen die Passagiere in den „barquets" wieder in die Zivilisation ein. Wie ein Blitzbesuch in einer anderen Welt wirkt die Fahrt auf der Lauch durch La Petite Venise.

... aus dem ruhig dahingleitenden Kahn

TOURANBIETER (AUSWAHL)

Barques Sweet Narcisse, 10, rue de la Herse, bei der Brücke Saint-Pierre, Tel. 0033 (0)389 41 01 94, www.sweetnarcisse.com; April bis Sept. tgl. 10.00–12.00 und 13.30 bis 19.00, März und Okt. Sa. und So. 10.00–12.00 und 13.30–19.00 Uhr, Tickets sind vor Ort erhältlich.
Barques la Krutenau, 1, rue de la Poissonerie, eine Seitenstraße der rue Turenne, Tel. 0033 (0)389 41 18 80; April–Okt. tgl. 10.00 bis 18.30 Uhr, Tickets an der Theke der Bar „La Krutenau".

Idyllen auf dem Land

Rund um Colmar zeigt sich die Landschaft abwechslungsreich. In malerischen Dörfern lässt es sich gemütlich bummeln oder beim Winzer auf eine Probe seiner Spezialitäten einkehren. Hoch über der Rheinebene thronen Burgen und versprechen Ausblicke weit nach Deutschland und bis in die Schweiz hinein. Und in Mulhouse ist der Puls der industriell-technischen Entwicklung zu spüren – in eindrucksvollen Museen.

Ein elsässisches Vorzeigedorf: die Winzergemeinde Eguisheim. Die Brunnenstatue auf der Place du Château stellt Papst Leo IX. dar

Wasser statt Wein: Die Ill fließt quer durchs ganze Elsass. Sie entspringt im Jura und mündet nach rund 217 Kilometern in den Rhein

Weinberge so weit das Auge reicht bedecken die Ausläufer der Vogesen zum Rheintal hin

Imposanter Nachbau: Kaiser Wilhelm II. ließ die zur Ruine verfallene Haut-Kœnigsbourg 1899 im Stil einer Ritterburg wieder aufbauen

Das Elsass ist die kleinste der französischen Regionen, aber sicherlich eine der schönsten. Rund um Colmar häufen sich malerische Dörfer und Kleinstädte mit alten Fachwerkhäusern, noch gepflasterten Gassen und Storchennestern auf Türmen, Dächern und Kaminen. Ein besonderer Besuchermagnet sind auch einige der zahlreichen Burgen und Ruinen.

EIN KAISERTRAUM WIRD WAHR
Burgruinen finden sich im Elsass entlang der Vogesen viele. Insgesamt sind es 280, von denen aber nur eine einzige wieder aufgebaut wurde: die Haut-Kœnigsbourg bei Kintzheim. Vor allem, wenn man an einem regnerischen Tag

Heute ist die Haut-Kœnigsbourg eines der meistbesuchten Ausflugsziele in ganz Frankreich.

auf die Burg fährt, hoch oben auf einem Bergkegel, durch Nebelschwaden und regennasse Wälder, kann man nachvollziehen, dass Kaiser Wilhelm II. diese Ruine im Stil einer spätmittelalterlichen Ritterburg erneuern ließ – ein Jahrhundertwerk, allein schon wegen des technischen Aufwands. 30 Pferde brauchte es, um die Lokomotive „Hilda" vom Bahnhof Schlettstadt auf die 757 Meter hoch gelegene Baustelle zu ziehen. Gebraucht wurde „Hilda", um Material vom Ostteil der Baustelle in den Westteil zu transportieren und umgekehrt. Erst 1908 war das Werk voll endet – und bezahlt haben es die Elsässer, die um diesen Preis vom Status, nur Reichsbürger quasi zweiter Klasse zu sein, befreit wurden.

Heute ist die Haut-Kœnigsbourg eines der meist besuchten Ausflugsziele in Frankreich. 300 Stufen sind beim faszinierenden Rundgang durch die Burg zu überwinden, der vom Haupttor über den Wirtschaftshof, den Burghof zu den

Von Frühjahr bis in den Herbst finden an vielen Orten farbenprächtige Feste statt, so das Weinfest in Eguisheim, bei dem besonders schöne Trachten zu sehen sind (oben und unten rechts). Einfallsreiche Kostüme machen den Festzug anlässlich des Pfifferdaj in Ribeauvillé zur Augenweide (unten rechts)

Eguisheim lockt mit einem charmanten Stadtbild und großen Weinen

Auf mittelalterliche Traditionen hat sich Turckheim besonnen, wo ein Nachtwächter durch die Gassen zieht.

Gemächern im ersten und zweiten Obergeschoss führt, von deren Fenstern man an klaren Tagen einen atemberaubenden Blick auf die Rheinebene und den Schwarzwald hat.

BURGEN UND BREDELE

Sehr touristisch gestaltet sich der Besuch von Riquewihr. Der mittelalterlich wirkende Ort liegt am Ende eines kleinen Tales. Rund um die alte Stadtmauer wurden zahlreiche Parkplätze angelegt, um die Touristenströme aufzufangen. Wie in alten Zeiten gelangt man über ausgetretene Steinstufen durch schmale Einlässe in der Mauer ins Innere von Riquewihr, wo Souvenirläden die Besucher empfangen. Und die Bäckereien bieten als Tribut an die Touristen das ganze Jahr über „Bredele" an, traditionelles elsässisches Weihnachtsgebäck in vielen, vielen Sorten. Man kann nach Gusto mischen, und vor allem die „Butterbredele" schmecken auch im Sommer gut. Wegen seines nahezu vollständig erhaltenen Ortskerns und der Befestigungsanlagen aus dem 16. Jahrhundert gilt Riquewihr als eines der schönsten Dörfer Frankreichs.

Im benachbarten Kaysersberg machen zwar auch viele Touristen halt, es zeigt sich aber eher als lebendiges Städtchen denn als Freilichtmuseum. Seit bald 800 Jahren überragt die Ruine einer Stauferburg Kaiser Friedrichs II. den Ort am Zugang zum Weißtal, strategisch wichtiger Punkt seit Urzeiten, da hier eine Römerstraße vorbeiführte, die das Elsass mit Lothringen verband.

Auf mittelalterliche Tradition hat sich auch Turckheim besonnen, das zwischen Mai und Oktober wieder einen Nachtwächter durch die Gassen ziehen lässt. Schließlich war Turckheim einst Freie Reichsstadt und stolzes Mitglied des Elsässischen Zehnstädtebundes. Aus dieser Zeit stammen die drei Tortürme, wovon „La Porte de France" ihr ältester ist. Ihn mussten seinerzeit alle Handelswaren passieren. Heute ist der Ort wegen seiner vorzüglichen Weinlagen bekannt.

HINAUF ZU DEN VOGESENHÖHEN

Turckheim liegt am Eingang des Munstertals, das dank des gleichnamigen Weichkäses – der so mächtig duftet und dennoch so mild schmecken kann – Berühmtheit erlangte. Wer im Munstertal konsequent der Departementstraße 10 und später der D 27 folgt, erreicht die Route des Crêtes, die Gratstraße, die vom Col du Bonhomme bis nach Cernay führt. Sie verläuft meist westlich der Gipfel und führt auch direkt am höchsten Berg der Vogesen vorbei, dem Grand Ballon. Ihn bezwungen, steht man an einem der Eckpunkte des

Das Ecomusée d’Alsace in Ungersheim zeigt, wie in vorindustrieller Zeit gelebt und gearbeitet wurde. Wasserkraft bildete die wichtigste Energiequelle

Für Kinder stellt der Besuch des Ecomusée ein besonderes Erlebnis dar ...

... schon der vielen Tierkinder wegen

Special SYMBOLVOGEL STORCH

Es klappert von den Dächern

Im Elsass gilt der Storch als regionales Symbol, zumal er im übrigen Frankreich eher Seltenheitswert hat. Fast wäre dies auch im Elsass so weit gekommen.

Vor rund 30 Jahren bestand akute Gefahr, dass die Weißstörche im Elsass aussterben würden. Soweit wollten es die Elsässer nicht kommen lassen. Ihr Symboltier sollte nicht nur in Keramik, Blech oder Plüsch existieren, sondern wie ehedem ganz real auf Kaminen und Dächern. Vor gut 20 Jahren entstanden deshalb Auswilderungsgehege, in denen gezielt Störche angesiedelt wurden.

Die dort gezüchteten Jungtiere folgten ihrem Instinkt und flogen im Spätsommer ins Winterquartier bis zu 10 000 Kilometer weit nach Südafrika, wo sie allerdings oftmals zum beliebten Jagdobjekt werden. Doch die meisten kamen im Frühjahr zurück. Mehr als die Hälfte der elsässischen Störche bleibt zwischenzeitlich das ganze Jahr über, da bei den Aufzuchtstationen und anderswo

Inoffizielles Wappentier: der Weißstorch

auch im Winter genügend Futter vorhanden ist. Rund 420 Storchenpaare leben mittlerweile wieder im Elsass. Ihre Nester haben einen Durchmesser von 1,50 bis zwei Meter, sind bis zu einem Meter hoch und wiegen etwa 300 Kilogramm. Ganz aus der Nähe kann man Störche im Zoo von Mulhouse, im Ecomusée in Ungersheim und am Affenberg bei Kintzheim beobachten, wo sie ihr Klappern hören lassen.

Belchen-Dreiecks aus Grand Ballon, Petit Ballon und dem Belchen auf der deutschen Seite, eine der vielen und nicht immer sichtbaren Verbindungen in der Regio.

ELSASS EN MINIATURE

Wie ein Elsass „en miniature" wirkt das Ecomusée in Ungersheim, immerhin das größte Freilichtmuseum Frankreichs. 70 Gebäude, die früher vorwiegend im südlichen Elsass und im oberelsässischen Sundgau standen, versetzen die Besucher in das bäuerliche Lebensumfeld früherer Zeiten.

Schmiede, Töpferei, Schnapsbrennerei, Bäckerei, eine Schule – alles, was man für seine Erdentage brauchte, ist vorhanden. Schließlich wollen die Ausstellungsmacher nicht nur Häuser zeigen, sondern einen Einblick in einstiges Tun und Lassen vermitteln. Und dazu gehören auch Tiere: Pferde, Schweine, Ziegen, Esel, Gänse, Kühe, Enten und natürlich Störche sind auf dem Gelände heimisch. Die traditionellen Feste des Jahres mit ihren Bräuchen werden alle im Ecomusée gefeiert – Elsass „en miniature" eben.

DIE INDUSTRIELLE METROPOLE

Weniger idyllisch zeigt sich Mulhouse, zweitgrößter Ballungsraum des Elsass. Im 19. Jahrhundert entwickelte sich die

Mulhouses Aufstieg zur Industriestadt zeichnen die technischen Museen nach, so das Automobil- und das Eisenbahnmuseum (oben links und oben rechts). Rund ums Rathaus zeigt sich Mulhouse von seiner gastlichen Seite (unten links). Ruhe tanken ist in der Grünanlage vor der Société Industrielle de Mulhouse möglich (unten rechts)

Industriestadt durch den Bau des Rhein-Rhône-Kanals rasch zu einem wichtigen Zentrum für Maschinenbau, Textil- und Chemieindustrie. An zahlreichen Häusern der Innenstadt lässt sich ablesen, welcher Wohlstand dadurch in das Oberzentrum kam. Heute sind Maschinenbau, Elektrotechnik und die Automobilindustrie prägend im Ballungsraum rund um Mulhouse, wo rund 250 000 Menschen fast aller Nationalitäten leben. Ein Spiegel dieser multikulturellen Gesellschaft ist der Wochenmarkt mit mehr als 300 Händlern, bei denen es dienstags, donnerstags und samstags Genüsse aus aller Welt zu kaufen gibt.

Mulhouse wurde Ende des 18. Jahrhunderts noch die „Stadt der 100 Schornsteine" genannt.

Die Erinnerung an die industrielle Vergangenheit bewahren hochkarätige technische Museen, die es in dieser Ansammlung nirgendwo sonst in Europa gibt. Das bekannteste ist sicherlich das Automobilmuseum, die einstige Sammlung der beiden Brüder Schlumpf. Vergessen sind die Zeiten, als Arbeiter die Textilfabrik Schlumpf besetzten, nachdem ihre Chefs das Firmenkapital ihrer Sammelleidenschaft für alte Autos geopfert hatten und die Fabrik im Textilsterben der 1970-Jahre zugrunde ging. Heute sind die rund 400 Klassiker des Automobilbaus ein kostbarer und anerkannter Kulturschatz.

Wem nach so viel Technik der Sinn nach Ruhe steht, sollte einen Abstecher in den südlich von Mulhouse gelegenen Sundgau machen. Ländlicher geht es kaum. Unglaublich wie wenig der Tourismus hier hat ausrichten können. Landschaft pur und auf den Tellern die Spezialität der Region an der Route de Carpe frite: Karpfen paniert und in Fett ausgebacken.

Wasser des Lebens – in Maßen ein Genuss

In der Region Baden, Elsass, Schweiz wird seit alters Hochprozentiges gebrannt, denn hier wachsen Obst, Beeren und Kräuter in Hülle und Fülle. Entsprechend reichhaltig ist die Auswahl.

Eine durchschnittliche elsässische Bauernfamilie soll es einst auf einen Schnapsverbrauch von 30 bis 50 Litern pro Jahr gebracht haben. Das waren jene Zeiten, in denen Bauer und Bäuerin morgens zum Frühstück ihr Milchbrötchen in Hochprozentiges tauchten und den Kindern abends mit Schnaps getränkte Stofffetzen in den Mund steckten, damit sie sich beruhigten und einschliefen. Heute sind Spirituosen aller Art ein Genussmittel, das in Maßen zu sich genommen durchaus auch heilende Wirkung haben kann. In Baden, Elsass und der Schweiz besteht eine große Auswahl an Bränden, Wässern und Geisten: Süßkirsche, Sauerkirsche, Zwetschge, Birne, Apfel, Mirabelle, aber auch Eberesche, Hagebutte und Vogelbeere werden gebrannt.

Die Schnapsbrenner sind einfallsreich und verwenden gerne auch alte Obstsorten wie eine kleine Wildpflaume – im Badischen Zibärtle genannt – ein Hochgenuss. Ökowinzer Heinrich Gretzmeier in Merdingen hat das Äspele neu entdeckt, eine uralte Frucht, die irgendwo zwischen Apfel und Hagebutte angesiedelt ist, eine bräunliche Farbe hat und süß-säuerlich schmeckt. Äspele sind reich an Vitamin C. Erntezeit ist nach den

Arno Fünfgelt vom Obst- und Spargelhof in Freiburg-Opfingen übt sein Brennrecht selber aus

Die Vielfalt der Produkte einer Hausbrennerei – und ihre Verkostung direkt beim Erzeuger in geselliger Runde

ersten Frostnächten. Ein bis zwei Wochen müssen die Früchte ruhen, dann werden sie gebrannt und nach rund drei Jahren im Eichen- oder Kastanienfass erinnern sie an einen reichen Calvados – so jedenfalls Heinrich Gretzmeier. Für ihn handelt es sich dann um einen wirklich großer Edelobstbrand, wenn dieser im Glas so intensiv und rein duftet, dass man meint, direkt unter den entsprechenden Bäumen zu stehen. „Vollkommen ist die Qualität, wenn es gelingt, die Frucht sozusagen in der Flasche einzufangen und sie im Glas wieder frei zu geben“, schwärmt Gretzmeier.

TRADITION UND MODERNE TECHNIK

Die Herstellung der Schnäpse basiert in der Regel auf traditionellen Techniken, erweitert mit moderner Technologie. Das täglich geöffnete „Musée des Eaux de vie“ in Lapoutroie westlich von Kaysersberg im Elsass zeigt jahrhundertealte Brennapparate und andere Gerätschaften, die man zum Brennen brauchte und auch heute noch braucht.

Neben vielen anderen Ausstellungsstücken präsentiert Museumsgründer René de Miscault eine einzigartige Sammlung von Likören aus den 1950er-Jahren. 300 Flaschen reihen sich aneinander, manche noch im Handel erhältlich, andere längst vom Markt verschwunden. Einige Schnapsbrenner lassen Besucher bei der Arbeit zusehen oder bieten sogar Kurse im Selbstbrennen an wie Arno Gerhart in Jechtingen am Kaiserstuhl oder die Brennerei Miclo in Lapoutroie. Im Gespräch werden viel Fragen geklärt, die die Schnapsfreunde bewegen. Zum Beispiel zur Lagerung des hochprozentigen „Wassers“. Wer diesen zu Hause im Regal aufstellt, tut ihm nichts Gutes. Er sollte auf alle Fälle dunkel gelagert werden und nicht liegen. Bei den Brennern bleibt er in der Regel drei Jahre im Fass oder wird in Glasballonflaschen aufbewahrt, die mit einem Geflecht ummantelt sind. Früher stellten sie diese auf den Dachboden, da die extremen Temperaturschwankungen den Schnaps besonders gut reifen ließen. Über die Trinktemperatur gehen die Meinungen auseinander: eisgekühlt schmeckt der Schnaps frischer, bei Zimmertemperatur offenbart er seine Qualität und die Aromen deutlicher.

FAKTEN

Obstbrand und Obstwasser: *Ohne Zusatz von Zucker hergestellt; der Alkohol entstammt ausschließlich dem Zucker des Obstes.*
Obstgeist: *Zuckerarmen Beeren und Kräutern wird hochprozentiger Neutralalkohol zugesetzt.*
Marc oder Tresterbrand: *Gebrannt werden die Reste vom Weinkeltern. Meist wird angegeben, von welchen Trauben der Trester stammte.*

Maßstab 1:220.000
0
2
4km
01
02
03
04
05
06
Sélestat
Sainte-Marie-aux-Mines
Col de Sainte-Marie
Saint-Hippolyte
Bergheim
Ribeauvillé
Riquewihr
Kaysersberg
Kientzheim
Ammerschwihr
Col du Bonhomme
Plainfaing
Parc
Naturel
Orbey
Lapoutroie
Ingersheim
Turckheim
COLMAR
Horbourg-Wihr
Wintzenheim
Eguisheim
Munster
Col de la Schlucht
Marckolsheim
BREISACH
Neuf-Brisach
Volgelsheim
Rouffach
Soultzmatt
Guebwiller
Soultz-Haut-Rhin
Ensisheim
Fessenheim
Cernay
Thann
Wittelsheim
Wittenheim
Kingersheim
Illzach
Pfastatt
Lutterbach
MULHOUSE
Riedisheim
Rixheim
Ottmarsheim
NEUENBURG am Rhein
Saint-Amarin
Grand Ballon
Route des Crêtes
Route du Vin
Route du Rhin
Canal du Rhône au Rhin
Forêt Domaniale

Anheimelnd und fremd zugleich

Das Elsass ist 190 Kilometer lang und 50 Kilometer breit. Mittendrin liegt Colmar, Ausgangspunkt für Ausflüge in romantische Weindörfer, für Wanderungen in den nahen Vogesen oder für die Erkundung großer und kleiner Museen. Mit Mulhouse hat das Elsass im Süden auch einen wichtigen Industriestandort.

01 KINTZHEIM

Das Örtchen (1500 Einw.) lebt vom Weinbau. 1270 wurde die gleichnamige Burg erstmals genannt, heute nur mehr Ruine, zu deren Füßen sich der Fachwerkort ausbreitet.

Sehenswert

Auf dem **Château de Kintzheim** haben Greifvögel ein Zuhause gefunden. Adler, Schwarzmilane, Falken, Geier und der Andenkondor ziehen bei den Flugvorführungen ihre Kreise (www.voleriedesaigles.com; Flugvorführungen Mitte Juli–Mitte Aug. tgl. 11.30, 13.00, 14.00, 15.30 und 17.00, Juni–Mitte Juli tgl. 14.30, 16.00 und 17.00, Mitte–Ende Aug. tgl. 14.00, 15.30 und 17.00, April, Mai, Sept.–Nov. tgl. 14.30 und 16.00 Uhr).

Umgebung

Die **Haut-Kœnigsbourg** hat ihren Ursprung im 12. Jh. Während des Dreißigjährigen Krieges wurde der Wehrbau von schwedischen Truppen niedergebrannt. 1899 schenkte die Stadt Schlettstadt die Ruine Kaiser Wilhelm II., der sie im Stil einer mittelalterlichen Festung an den Originalplänen orientiert wieder aufbauen ließ. Seit 1919 ist die Burg wieder in französischem Besitz. Zwischen 2010 und 2013 wurden rund 11 Mio. Euro für die Sanierung der denkmalgeschützten Burganlage investiert (www.haut-koenigsbourg.fr; Juni–Aug. tgl. 9.15 bis 18.00, März–Mai, Sept. und Okt. tgl. 9.30 bis 17.00, Nov.–Febr. tgl. 9.30–12.00 und 13.00 bis 16.30 Uhr; empfehlenswert ist ein Rundgang mit einem Audioguide, auch auf Deutsch).

Am Fuß des Burgbergs leben 280 Berberaffen auf einem 24 ha großen Gelände, dem **Montagne des Singes** oder Affenberg. (www.montagnedessinges.com; Juli und Aug. tgl. 10.00 bis 18.00, Mai, Juni und Sept. tgl. 10.00–12.00 und 13.00–18.00, März, April, Okt. und Nov. tgl. 10.00–12.00 und 13.00–17.00 Uhr).

02 RIQUEWIHR

Das Stadtbild Riquewihrs (1250 Einw.), umgeben von Wehranlagen, ist seit dem Mittelalter unverändert. Neben dem Tourismus ist der Weinbau der Hauptwirtschaftsfaktor des Ortes. Die bereits im 6. Jh. gegründete Siedlung gehörte als Reichenweier ab 1324 den Württembergern, bevor sie 1793 französisch wurde.

Fachwerk ziert jedes Dorf, auch Turckheim

Sehenswert

Prachtvolle **Bauten** des 16. und 17. Jh., großzügige **Höfe** mit imposanten Einfahrten und schöne **Brunnen** säumen die romantischen Gassen.

Museen

Das **Musée de la Poste** im ehem. württembergischen Schloss (16. Jh.) zeigt die Geschichte der Kommunikation in den vergangenen 2000 Jahren und Kutschen des 18. bis zum frühen 20. Jh. (Château, www.shpta.com; April–Mitte Nov. und Dez. tgl. 10.00–17.30 Uhr).

Das **Musée Hansi Riquewihr** erinnert an den unter seinem Pseudonym Hansi bekannten Grafiker, karikierenden Zeichner und Heimatforscher Jean-Jacques Waltz (1873–1951; 16, rue du Général de Gaulle; Febr.–Mai tgl. 10.00 bis 12.30 und 13.30–18.30, Juni–Dez. Di.–So. 9.30–12.30. und 13.30–18.30 Uhr).

Umgebung

Das von drei mittelalterlichen Burgruinen überragte **Ribeauvillé** (4800 Einw.; nördl.) besitzt ein nicht minder interessantes altes Ortsbild – und ist darüber hinaus für den **Pfifferdaj** bekannt; der Pfeifertag am 1. Sept.-So. erinnert an die Spielleute und Gaukler des Mittelalters.

Information

Office de tourisme Pays de Ribeauvillé-Riquewihr, 2, rue de la 1ère Armée, BP 90067, F-68340 Riquewihr, Tel. 0033 (0)3 89 73 23 23 , www.ribeauville-riquewihr.com

03 KAYSERSBERG

Der idyllische Ort (2700 Einw.) gehört zu den vorrangigen Besucherzielen an der Elsässer Weinstraße. Die Burg ließ Friedrich II. im 12. Jh. zum Schutz der Siedlung bauen. Im Dreißigjährigen Krieg wurde sie zerstört, doch blieb der Bergfried so eindrucksvoll, dass er bis heute das Ortsbild beherrscht.

Sehenswert

Von der Burgruine aus hat man einen schönen **Blick** über die Stadt mit ihren stattlichen Bürgerhäusern aus Gotik und Renaissance sowie den Resten der Stadtbefestigungen. Mit einem Audio-Führer kann man das Städtchen in etwas mehr als einer Stunde erkunden, u.a. auch die **Kirche Ste-Croix** mit eindrucksvollem Kruzifix (um 1500) und einem geschnitzten Altar von 1518.

Museum

Dem Leben und Wirken des hier geborenen Missionsarztes **Albert Schweitzer** (1875 bis 1965) ist ein kleines Museum gewidmet (126, rue du Général de Gaulle; Mitte März–Mitte Nov. tgl. 9.00–12.00 und 14.00–18.00 Uhr).

Information

Office du Tourisme de la Vallée de Kaysersberg, 39, rue du Général de Gaulle, F-68240 Kaysersberg, Tel. 0033 (0)3 89 71 30 11, www.kaysersberg.com

Tipp

Wein und Käse

Was ist nicht alles am Rand elsässischer Straßen zu kaufen? Selbstverständlich Störche, das Symboltier der Region, in Plüsch oder aufgedruckt auf Handtücher, Schürzen und anderes. Interessanter sind aber die kulinarischen Angebote. Entlang der 170 km langen Elsässischen Weinstraße kann man eine Weinprobe nach der anderen machen. Da man direkt beim Erzeuger kauft, ist wenig falsch zu machen, und man erfährt hier mehr über Weinbau und den jeweiligen Wein als in einem Geschäft. Wem das nicht reicht, der hat noch 26 Weinlehrpfade zur Auswahl. Zwischen Colmar und Munster wird häufig Munsterkäse angeboten. Nicht jeder mag den Geruch dieses Weichkäses, aber sachkundig gereifter Munster schmeckt mild und ist, mit Kümmel, Pellkartoffeln und Gewürztraminer genossen, ein Gedicht.

Infos

Das Ecomusée bei Ungersheim zählt zu den beliebtesten Freilichtmuseen Frankreichs

04 EGUISHEIM

Das Winzerstädtchen (1700 Einw.) ist wegen seines malerischen Ortsbildes beliebt und von hervorragenden Weinlagen umgeben. Bekannt ist Eguisheim auch als Geburtsort von Papst Leo IX. (1002–1054). Stolz ist man hier auf den üppigen Blumenschmuck, für den die Stadt mehrfach ausgezeichnet wurde.

Sehenswert

Eguisheim hat sich mit seinen **Fachwerkbauten** und ehemaligen Zehnthöfen ringförmig um eine Wasserburg aus dem 8. Jh. entwickelt. Ein Teil der achteckigen **Burgmauer** ist noch zu sehen. Ein Rundweg führt über den ehemaligen **Wehrgang** der Stadtmauer.

Veranstaltungen

Am letzten Aug.-Wochenende steigt das **Eguisheimer Weinfest** ▶**TOPZIEL.** Es zählt mit Folkloreumzügen und vielen Veranstaltungen rund um den Wein zu den bedeutendsten Weinfesten des Elsass. Die berühmten Weinlagen präsentiert der Weinlehrpfad; es gibt auch **Führungen** (Juni–Mitte Sept. Sa. 15.30 Uhr, im Aug. auch Di.; Treffpunkt Campingplatz).

In der Adventszeit öffnen die Buden eines typisch elsässischen **Weihnachtsmarktes** (Place du Marché aux Saules und Place Monseigneur Stumpf; So.–Fr. 9.00–19.00, Sa. 9.00–20.00 Uhr).

Hotel

€€€€ **Château d'Isenbourg:** Gut 10 km südl. von Eguisheim empfängt das Schlosshotel in herrschaftlicher Lage (F-68250 Rouffach, Tel. 0033 (0)3 89 78 58 50, www.grandesetapes.fr).

Umgebung

Das für seine Weinlage Brand weithin bekannte **Turckheim** ist auch wegen seines Stadtbilds besuchenswert. Das historische Zentrum umgibt noch die Stadtbefestigung aus dem 14. Jh. Hinter der Porte de France, dem früheren Haupttor, liegt der ehem. Marktplatz, die place Turenne. Als schönstes Haus am Platz gilt das Gasthaus „Zu den Zwei Schlüsseln" (Deux Clefs, 16. Jh.) Von Mai bis Okt. zieht um 22.00 Uhr ein Nachtwächter mit Hellebarde, Laterne, Horn und Gesang durch die nächtlichen Gassen.

Information

Office de Tourisme d'Eguisheim et environs, 22a, Grand'Rue, F-68420 Eguisheim, Tel. 0033 (0)3 89 23 40 33, www.ot-eguisheim.com

05 MUNSTER

In Hügel und Berge eingebettet, liegt Munster auf dem Weg zum Col de la Schlucht. Nach der Elsässischen Weinstraße zieht das Munstertal die meisten Touristen an. Es lässt sich hier deutlich ruhiger wandern und Ski fahren als im Schwarzwald oder in den Alpen. Bekannt ist das Tal auch für den gleichnamigen Weichkäse, den Mönche der früheren Abtei entwickelt haben, der heute aber zu 90 Prozent in Lothringen hergestellt wird.

Umgebung

Vom Munstertal über die Route des Crêtes zum **Grand Ballon**: Schon die Fahrt ist ein Erlebnis. In der Nähe des Grand Ballon (1424 m) beginnen zahlreiche gut ausgeschilderte Wanderwege, beispielsweise am Parkplatz Belchen-Hof. Die Aussicht während der Wanderung zeigt die ganze Schönheit der Vogesen, des Schwarzwalds und der Alpen.

Information

Office de Tourisme de la Vallée de Munster, 1, rue de Couvent, F-68140 Munster, Tel. 0033 (0)3 89 77 31 80, www.la-vallee-de-munster.com

06 MULHOUSE

Es gibt schönere Städte im Elsass, aber wer sich für technische Museen interessiert, kommt an Mulhouse nicht vorbei. Der industrielle Aufschwung begann 1746 mit der Gründung einer Textilmanufaktur. Heute ist die zweitgrößte elsässische Stadt die industrielle Metropole der Region (112 000 Einw.).

Museen

Unbestrittener Star unter den Museen ist das Nationale Automobilmuseum **Cité de l'Automobile**, die Sammlung Schlumpf. Im Gebäude einer Kammgarnspinnerei von 1880 reihen sich Glanzstücke der Automobilgeschichte (15, rue de l'épée, www.collection-schlumpf.com; Anf. April–Anf. Nov. tgl. 10.00–18.00 Uhr, sonst kürzer; empfehlenswert ist ein Audioguide).

Auf die Reise gehen kann man im Französischen Eisenbahnmuseum **Cité du Train**, einer der umfangreichsten Zugsammlungen Europas. Nähert man sich den Zügen, erwacht Leben in ihnen. An Fernsehstationen zwischen den Zügen erfahren die Besucher viel über die Entstehungszeit der Züge (2, rue Alfred de Glehn, www.citedutrain.com; Anf. April–Anf. Nov. tgl. 10.00–18.00 Uhr, sonst kürzer; empfehlenswert ist ein Audioguide).

In Nachbarschaft zum Eisenbahnmuseum findet sich das Elektrizitätsmuseum **Musée EDF Electropolis**, das die Geschichte der Elektrizität von der Antike bis zur Gegenwart veranschaulicht (55, rue du Paturage, www.electropolis.tm.fr; Di.–So. 10.00–18.00 Uhr).

Im Stoffdruckmuseum **Musée de l'Impression sur Étoffes** erinnert Mulhouse an seine Vergangenheit als Zentrum der Textilindustrie (14, rue Jean-Jacques Henner, www. musee-impression.com; Di.–So. 10.00–12.00 und 14.00 bis 18.00 Uhr).

In der Innenstadt von Mulhouse ist vor allem die place de la Réunion sehenswert, wo auch das ehem. Rathaus (1522) mit seinen schönen Wandmalereien zu finden ist. In ihm ist das **Musée Historique** untergebracht (place de la Réunion; Mi.–Mo. 13.00–18.00 Uhr).

Das Kunstmuseum **Musée des Beaux Arts** in der 1788 errichteten Villa Steinbach zeigt Kunstwerke vom späten Mittelalter bis ins 20. Jh. (4, place Guillaume Tell; Mi.–Mo. 13.00 bis 18.30 Uhr). Moderne Kunst zeigt **La Kunsthalle** in einem umgewidmeten Industriebau (16, rue de la Fonderie, www.kunsthalle mulhouse.com; geöffnet nur während der Ausstellungen).

Veranstaltungen

Der Wochenmarkt **Marché du Canal Couvert** ist ein Treffpunkt der Kulturen (Canal Couvert, www.marchedemulhouse.com; Di. und Do. ab 7.00 Uhr und Sa. ab 6.00 Uhr).

Im Sommer sind die **Oldtimer** nicht nur im Museum zu bewundern, sondern ziehen in einem großen Korso durch die Stadt. Im Aug. kommen Jazzfreunde beim **Météo Mulhouse Music Festival** auf ihre Kosten. Im Dez. ist der **Weihnachtsmarkt** in Mulhouse Anziehungspunkt im südlichen Elsass.

Umgebung

Das **Ecomusée d' Alsace** ▶TOPZIEL südl. Ungersheim (Anfahrt von Mulhouse über D 430, Ausfahrt Nr. 5) beherbergt auf 150 ha 73 traditionelle Bauernhäuser und Wirtschaftsgebäude, die im Freilichtmuseum wieder aufgebaut wurden und teilweise bewohnt sind. Handwerker zeigen alte Techniken, Tiere bereichern den Eindruck vom ländlichen Leben (www.ecomusee-alsace.fr; Juli und Aug. tgl. 10.00–19.00, sonst tgl. 10.00–18.00, Nov. und Jan.–März überwiegend geschl.).

Im Bereich von **Ensisheim** finden sich keltische Siedlungsspuren. Von 1135 bis 1648 diente es als „Hauptstadt“ des habsburgischen Vorderösterreichs. Ein „Donnerschlag“ in der Ortsgeschichte war 1492 der Einschlag eines 130 kg schweren Meteoriten. In der teilweise noch ummauerten Altstadt lässt es sich bequem bummeln. Der einstige österreichische Renaissance-Verwaltungssitz (1547) ist heute Rathaus und Ortsmuseum (place de l'Église; Mai–Sept. Mi.–Mo. 14.00–18.00, sonst Mo., Mi., Do. und Fr. 14.00–18.00 Uhr).

In **Husseren-Wesserling** (erreichbar von Mulhouse über die RN 66, Rtg. Epinal, 35 km entfernt) findet sich der Parc de Wesserling, ein Gebäudeensemble aus der Blütezeit der Textilindustrie mit einem empfehlenswerten Textilmuseum und hübsch angelegten Gärten (www.parc-wesserling.fr; April–Dez. Di.–So. 10.00–12.00 und 14.00–18.00 Uhr).

Information

Office de Tourisme et des Congrès,
1, avenue Robert Schuman, F-68100 Mulhouse,
Tel. 0033 (0)3 89 35 48 48,
www.tourisme-mulhouse.com

Auf den Spuren des Weins

Elsass und Wein gehören untrennbar zusammen. Riesling, Sylvaner, Muscat, Gewürztraminer, Edelzwicker, Pinot blanc, gris oder noir – die Getränkekarten in der „Winstub“ und im Restaurant sind voller Genüsse. Fast in jedem Ort laden Weinlehrpfade zu einem Spaziergang durch die Reben ein und vermitteln viel Wissenswertes.

Seit 1984 dürfen sich die großen Gewächse des Elsass mit der Bezeichnung „Alsace Grand Cru“ schmücken. 51 herausgehobene Einzellagen mit den Rebsorten Riesling, Gewürztraminer, Pinot Gris und Muscat tragen zwischenzeitlich diese hohe Auszeichnung.

Grand Cru oder Tafelwein ...

SIEBEN GROSSE LAGEN

Sieben dieser großen Lagen verbindet der Weinlehrpfad „Les Perles du Vignoble“. Der Weg führt durch die Weinberge der Gemeinden Riquewihr, Bennwihr, Mittelwihr, Beblenheim, Zellenberg und Hunawihr. Natürlich kann man auch um jeden Ort eine kleine Schleife von etwa einer Stunde ziehen und erfährt sehr viel Wissenswertes über Traubensorten und die Arbeit im Weinberg. Meist trifft man einen Winzer an und kann ihm über die Schulter schauen, denn die Arbeit im Weinberg ruht nur während der Winterwochen. Von Mitte Juli bis Mitte September startet täglich eine geführte Besichtigung durch die Weinberge, natürlich mit passender Verkostung. Während der anschließenden Erntezeit sollten Touristen allerdings den Rebhängen fern bleiben.

... die Verkostung bringt es ans Licht

WEITERE INFORMATIONEN

Wanderstrecke: 15 km. **Geführte Wanderung** im Weinberg unter der Woche nach Voranmeldung. Informationen zum gemeindeübergreifenden Weinlehrpfad „Les Perles du Vignoble“ sind beim Verkehrsbüro in Ribeauvillé und Riquewihr erhältlich (Office de tourisme Pays de Ribeauvillé-Riquewihr, 2, rue de la 1ère Armée, F-68340 Riquewihr, Tel. 0033 (0)3 89 73 23 23 , www.ribeauville-riquewihr.com). Ein **Verzeichnis** aller Weinlehrpfade im Elsass unter www.vinsalsace.com / letourisme / le-tourisme-rub9.html.

RESTAURANT
ZUR

Metropole am Rhein

Basel ist eine Stadt, die schnell die Herzen ihrer Besucher gewinnt, obwohl oder gerade weil sie so gegensätzlich ist. Schmale Gassen mit schönen kleinen Häusern stehen hochmodernen Bauten gegenüber, in denen Firmen und Banken zum Wohlstand beitragen. Ruhepunkte liegen am gemächlich dahinfließenden Rhein, von vorbeieilenden Geschäftsleuten auf dem Weg zum nächsten Meeting unbeachtet. Es ist diese besondere Atmosphäre vereinter Gegensätze, die Basels Flair ausmacht.

In Basel, Schnittpunkt von Schweiz, Frankreich und Deutschland, herrscht weltoffene und gelöste Stimmung

Wo der Rhein nach Norden abbiegt, breitet sich heute die drittgrößte Stadt der Schweiz aus. Neben der Schifflände zelebriert seit 1681 das Grandhotel „Les Trois Rois" Spitzenhotellerie

Die Rheinpromenade gibt den Blick auf das Münster frei, Wahrzeichen von Basel

Geruhsamer Fährverkehr von Ufer zu Ufer

Basel und der Rhein gehören zusammen wie Paris und der Eiffelturm – so sagt man.

Basel liegt mitten im Dreiländereck Frankreich, Deutschland und Schweiz und damit – und das nicht im eigenen Verständnis – im Herzen Europas. Gern und intensiv blickt man hier über die Grenzen des eigenen Landes hinaus. Französisch, Deutsch, Italienisch, Schwyzerdütsch – in den Gassen der drittgrößten eidgenössischen Stadt stellt sich schnell das Gefühl ein, den Baslern gingen alle diese vielen Sprachen gleich flüssig über die Lippen. Weltoffen präsentiert sich die einstige fürstbischöfliche Residenz am Rheinknie, die eine der am besten erhaltenen Altstädte in ganz Europa besitzt und zugleich Aufsehen erregende Bauten international hochkarätiger Architekten der Gegenwart wie Richard Meier, Frank O. Gehry und Mario Botta. Einen spektakulären Bau haben die Basler allerdings abgelehnt. Die irakstämmige Stararchitektin Zaha Hadid sollte ein neues Stadt Casino am Barfüßerplatz bauen – kaum ein Entwurf hat die Basler Bürgerschaft derart stark polarisiert. Und bei einer Volksabstimmung im Sommer 2007 sagten sie dann ein klares Nein zu dem Neubau, der den bestehenden Musiksaal im jetzigen Stadt-Casino integriert hätte. Dieser zählt wegen seiner einzigartigen Akustik zu den hochgeschätzten Konzertsälen der Welt.

Münster und Rathaus zählen zu den bekanntesten Sehenswürdigkeiten der Stadt. Der Kreuzgang und die beiden filigranen Türme gehören zum Münster (oben und unten links), der rote Figurenschmuck zum Rathaus (unten rechts)

Der Basler Morgenstraich macht auch vor den Hallen des Rathauses nicht halt

WARUM HIER DER RUBEL ROLLT

Auch wenn der Name an eine Spielbank erinnert, das Stadt-Casino ist Basels Kultur- und Gesellschaftshaus. Und auch wenn im Casino Roulette und Black Jack Fremdworte sind, Geld spielt natürlich dennoch eine Rolle – in der Schweiz und in Basel nicht nur wegen zahlreicher Banken wie der Bank für Internationalen Zahlungsausgleich, der Zentralbank der Zentralbanken sozusagen. Schließlich sind in der nördlichsten Stadt der Eidgenossenschaft die meisten pharmazeutischen und chemischen Unternehmen Europas vertreten. Sie machen Basel zur erfolgreichsten schweizerischen Wirtschaftsregion und stellen im „Bio-Valley“ grenzüberschreitend rund 300 000 Arbeitsplätze bereit. So wundert es nicht, dass man zahlreiche Fabrikkomplexe passieren muss, bis man endlich in den historischen Teil Basels gelangt.

BASEL FÜR GENIESSER

„Wir haben keinen See und keine Berge, aber alles cha mer net ha“, hört man oft in Basel. Bei allen Superlativen, die die Stadt zu bieten hat, gehört ein gewisses Understatement zur Grundhaltung der Menschen, die dort leben. Darüber hinaus hat das Schwyzerdütsche seinen eigenen Charme, und manche Kritik klingt in diesem Idiom wesentlich

Der Schweizer Künstler Jean Tinguely ist für seine maschinenartigen Skulpturen berühmt

Das Basler Nachtleben entfaltet sich in den Gassen und Straßen der Altstadt

1994 gestaltete Mario Botta das USB-Bankgebäude am Aeschenplatz

Durch eine Skulptur von Niki de Saint Phalle gelangt der Besucher in das Museum Tinguely. Die Künstlerin war mit Jean Tinguely verheiratet

Einkaufen kann man in Basel schlichtweg alles, von den feinsten Pralinen bis zur Kollektion junger Designer.

freundlicher als im Hochdeutschen. Die Basler gehen auch nicht shoppen, sie sagen „Lädli go", wenn sie zum Einkaufsbummel in die Gassen der Altstadt aufbrechen. Und dabei kann es durchaus sein, dass sie die chicsten Boutiquen und teuersten Juweliere der Stadt ansteuern. Einkaufen kann man in Basel schlichtweg alles, von den feinsten Pralinen bis zu ausgefallener Kleidung junger Basler Designer. Täglich außer an Sonntagen stehen vormittags auf dem Marktplatz vor dem imposanten Rathaus bunte Marktstände mit Obst, Gemüse, Blumen, Käse, Brot und vielen Spezialitäten mehr.

An einem Fensterplatz im traditionsreichen 1870 eröffneten „Caféhaus Schiesser" lässt sich das Kommen und Gehen, das Verhandeln und Diskutieren auf dem Marktplatz genüsslich beobachten. Die zarten Hörnchen, die hier Gipfeli genannt werden, und der wunderbare Kaffee ziehen Schüler und Studenten ebenso an wie Geschäftsleute und Touristen, die sich eine kurze Pause gönnen.

LEBEN MIT DEM GROSSEN FLUSS

Pausen verbringen die Basler bei gutem Wetter auch gern am Rhein, dem inoffiziellen Wahrzeichen der Stadt. Einerseits ist der Fluss wichtiger Transportweg, andererseits schönes Freizeitgebiet für die Städter, ob für den Spaziergang an der Rheinpromenade oder gar für ein Bad im Fluss. Auf der Promenade hält mancher Spaziergänger den Atem an, wenn die Frachtschiffe eine der Brücken passieren, was nur mit Konzentration ohne Blessuren gelingt. Sie haben den Hafen von Basel zum Ziel oder kommen von dort, dem Dreh- und Angelpunkt der Schweizer Rohstoffversorgung und dem drittgrößtem Binnenhafen am Rhein.

Wer lediglich von Großbasel nach Kleinbasel will oder umgekehrt, kann sich von einer der vier Rheinfähren übersetzen lassen, die an Stahlseilen über den Fluss geführt werden. Sie sind seit Mitte des 19. Jahrhunderts zuverlässig im Einsatz. Wer festen Boden unter den Füßen bevorzugt, hat verschiedene Brücken für die Rheinüberquerung zur Auswahl.

Die Mittlere Brücke markiert einen der ältesten Übergänge über den Fluss. Die jetzige Brücke wurde allerdings erst Anfang des 20. Jahrhunderts gebaut. Auf ihrer Mitte steht immer noch das Käppelijoch, an dem im späten Mittelalter Todesurteile vollstreckt wurden. Auf der Großbaseler Seite findet sich ein Juwel unter den Schweizer Hotels: Im „Les Trois Rois" haben schon Kaiser Napoleon, Goethe und die Rolling Stones genächtigt.

Um 1855 wurde die Orangerie für die exotischen Pflanzen
des Merianparks errichtet

Der Klangteppich der Pfeifer versetzt das sonst so nüchterne Basel
in Fastnachtstaumel

Rodins „Bürger von Calais" stehen vor dem Kunstmuseum

Und noch mehr Tinguely in der Schweizer Kunsthauptstadt: der Fastnachtsbrunnen vor dem Basler Stadttheater

Special FASTNACHT

Basel im Ausnahmezustand

Der Morgenstraich, einst militärisches Trommelsignal zum Sammeln der Truppen, ist seit 1833 Auftakt der Basler Fastnacht und zugleich ihr bekanntester Teil.

Am Montagmorgen nach Aschermittwoch erlöschen um 4.00 Uhr früh alle Lichter in der Stadt. Gespenstisch ist der Moment der absoluten Stille und Dunkelheit, bis sich kurz darauf trommelnde und Piccoloflöte spielende Gruppen in Gang setzen. Sie begleiten die rund 200 Laternenträger bei ihrem Zug durch die Altstadtgassen. Auf den Laternen sind die Geschehnisse des vergangenen Jahres persifliert, über die man sich in Basel lustig macht.

Allerdings sind diese Laternen für Nicht-Basler genauso schwer zu verstehen wie die Schnitzelbankgruppen, die am Montag- und Mittwochabend durch rund 30 Lokale ziehen und ihre Schnitzelbängge vortragen, in denen mit Worten das lustige und absurde Geschehen des zurückliegenden Jahres auf die Schippe

Die bunten Laternen der Basler Fastnacht

genommen wird. Wer sich aber von der Festfreude anstecken lässt und die schrägen Guggemusiken genießen kann, ist hier in seinem Element.

Ein Highlight sind auch die Umzüge am Montag und Mittwoch. Diese Mischung aus Lebensfreude und Melancholie, aus Totentanz und Mummenschanz ist eine ernsthafte, aber durchaus keine ernste Angelegenheit. Pappnasen und Narrenkappen sind allerdings fehl am Platze.

SCHWEIZER KUNSTHAUPTSTADT

Um nach Basel zu reisen, kann man natürlich ganz einfach sein Auto nehmen oder den Flieger, aber die Internationalität der Stadt zeigt sich auch an ihren drei Bahnhöfen im Herzen der Stadt: Der Badische Bahnhof wird für die aus Deutschland kommenden Züge genutzt, der Bahnhof SNCF für die Ankunft aus Frankreich, und direkt daneben dient der Schweizer Bahnhof SBB für alle Gäste aus der Schweiz.

Die Gründe Basel zu besuchen sind vielfältig. Ein häufiger Grund ist sicherlich das reiche kulturelle Angebot. Rund 30 Museen – Galerien einmal gar nicht eingerechnet – warten in der Stadt auf Besucher, von Raritäten wie dem Musikmuseum im ehemaligen Gefängnis bis zum renommierten Kunstmuseum aus dem Jahr 1661, der ältesten öffentlichen Kunstsammlung der Welt. Die Kunst spielt in der Kulturhauptstadt der Schweiz eben eine große Rolle, und das nicht nur im Frühsommer, wenn die Art Basel Kunstkenner aus der ganzen Welt anzieht und sich die Baseler einmal wieder genüsslich ihrer Internationalität bewusst werden.

Maßstab 1:20.000
0
400m
Kleinbasel
Güterbahnhof DB
Badischer Bahnhof
Basel-Bad.Bhf.
Basel-Wettstein
Messe
Messeplatz
Rosentalanlage
Kannenfeldpark
8=Kembserweg
9=Oekolampadstr.
10=Schönenbuchstr.
Johanniterbrücke
Dreirosenbrücke
Universitätsspital
Predigerkirche
Botan. Garten
Schützenmattpark
Sportplatz Schützenmatte
Zoolog. Garten
Zoo
Basel SNCF
Basel SBB
Münster
11=Claramattweg
19=Beuggenweg
5=Wildensteinerstraße
6=Bechburgerstrasse
9=In der Breite
10=Cécile-Ines-Loos-Anl.
11=Gellertpark
12=Sägebergweg
Gellert
5=Rodrisstrasse
6=Egglfuhstrasse
7=Hermann-Suter-Str.
18=Im Margarethen
21=Centralbhn.-Passage
18=Elisabethenanlage
19=Elisabethen Passage
20=Flamingosteg
Basel-City
Grosspeterstr.
Dorenbachviadukt
Güterbahnhof Wolf
Basel
Wolf-Gottesacker
Dreispitz
Zollfreilager
Innere Lange Heid
Botan. Garten in Brüglingen
19=Hundsbuckelweglein
20=Hölleweglein
Neumünchenstein
Maßstab 1:11.000
0
200m
31=Sägergässl.
603 Stadt- u.
604 Münstermus.
33 Schifflände
12=Blumeng.
35=Wild-Ma-Gässli
1=Martinsgässlein
2=Glockeng.
3=Kellergässlein
4=Sattelg.
9=Trillengässlein
24=Gerberberglein
25=Im Lohnhof
14=Totengässlein
20=Beim Wagdenhals
21=Birsig-Durchgang
23=Elisabethenschanze
29=Stänzlerg.
30=Theatergässl.
13=Lohnhofsgässlein
Rhein
01
02
03
04
05
06
07
08
09
10
11
12
13
14
15
16
17
18
19

Weltläufige Gemütlichkeit

Basel ist eine durch und durch europäische Stadt. 1460 wurde in Basel die erste Universität der Schweiz gegründet. Sie prägt die Stadt bis heute, genauso wie die pharmazeutischen und chemischen Weltunternehmen, die sich am Rheinknie niedergelassen haben sowie die zahlreichen Museen für jedes Fachgebiet.

ALLGEMEIN

Basel (170 000 Einw. bzw. 193 000 Einw. im Kanton Basel-Stadt) vereint als Metropole der Nordwestschweiz internationale Unternehmen, kulturelle Vielfalt und das Konsumangebot einer Großstadt mit der Überschaubarkeit und Gemütlichkeit einer kleineren Stadt. Auf einem ehemaligen keltischen Siedlungsplatz entwickelte sich ein Bischofssitz, der mit der Reformation 1529 sein Ende fand. Protestanten brachten wirtschaftliche Innovationen und neue Handelsverbindungen nach Basel. 1758 begann Johann Rudolf Geigy mit der Farbenherstellung. Als Standort der Chemieindustrie und der Banken genießt Basel heute Weltruf.

Information

Basel Tourismus, Aeschenvorstadt 36, CH-4010 Basel, Tel. 0041 (0)61 268 68 68, www.basel.com und www.basel.ch
Tourist-Informationen im Stadt-Casino am Barfüsserplatz und im Bahnhof SBB

SEHENSWERT

Basels **01** **Marktplatz** ist ein guter Ausgangspunkt, um die Altstadt zu erkunden. Prächtig fällt das rote, urspr. gotische **Rathaus** ins Auge, Sitz der Kantonsregierung von Basel-Stadt und zugleich der Stadtregierung, das seit dem 14. Jh. an dieser Stelle steht. Sehenswert sind die Ratszimmer, der Innenhof mit seinen Wandmalereien, die Arkaden und der imposante Turm. Aus Anlass des Beitritts Basels in die Eidgenossenschaft ersetzte man zu Beginn des 16. Jh. das Vorderhaus durch einen repräsentativen Neubau, an den Zinnen Wappen der zwölf damaligen eidgenössischen Kantone. Die Erweiterung des 17. Jh. brachte eine Fassade mit gemalter Scheinarchitektur, die Erweiterung um 1900 u.a. den neugotischen Turm. Durch die Schneidergasse mit dem Restaurant „Hasenburg" und vorbei am **Fischmarkt** mit seinem gotischen Brunnen (Urspr. 14. Jh.), in dem Händler einst ihre Ware frisch hielten, gelangt man zur **Mittleren Brücke**. Über den Rheinsprung mit alten Handwerkerhäuschen und die Augustinergasse geht es zum **03** **Münsterplatz**, unterbrochen von Ausblicken auf den Rhein und Kleinbasel und vorbei am klassizistischen Naturhistorischen Museum.
Ein paar Schritte weiter erhebt sich das aus rotem Sandstein errichtete **Münster** mit bunten Ziegeln und den beiden schlanken Türmen; die einstige Bischofskirche wurde zwischen 1019 und 1500 in romanischem und gotischem Stil gebaut. Krypta und Chor (12. Jh.), das Grab des Erasmus von Rotterdam (1465–1536), die Galluspforte (12. Jh.) im Norden oder die beiden Kreuzgänge (15. Jh.) erinnern an die bewegte Baugeschichte (www.baslermuenster.ch; Sommer Mo.–Fr. 10.00–17.00, Sa. 10.00–16.00, So. und Fei. 11.30–17.00, Winter Mo.–Sa. 11.00 bis 16.00, So. und Fei. 11.30–16.00; Orgelmusik im Sommer Sa. 12.00–12.30 Uhr).
Der Münsterhügel ist zentraler Punkt der Basler Siedlungsgeschichte. Reste des **Keltenwalls** sind in der Rittergasse (Erdfenster) zu finden. Mitten auf dem Münsterplatz ist der abgedeckte Schacht eines **römischen Brunnens** zu erkennen, der bis zum Grundwasser des Rheins reicht. Spuren einer ersten Bischofskirche stammen aus karolingischer Zeit. Zu Beginn des 11. Jh. stiftete Kaiser Heinrich II. Basel ein neues Münster. Dieses wurde durch den heutigen Bau ersetzt, der nach dem Erdbeben 1356 gotisch wiederhergestellt wurde. Rundum bauten sich die Domherren ihr Palais. Von der Pfalz hinter dem Münster hat man einen guten Blick über den Rhein nach Kleinbasel und bis zu den Vogesen bzw. den Schwarzwaldhöhen.
Über Rittergasse und Mühlenberg gelangt man in die **St.-Alban-Vorstadt** mit engen Gässchen, traditionellem Handwerk und kleinen Wasserläufen. Die **15** **St.-Alban-Fähre** setzt nach Kleinbasel über, wo Rheinweg und Solitude-Promenade zum Museum Tinguely führen.
Von der Stadtbefestigung blieben drei Stadttore: **16** **St.-Alban-Tor**, **11** **St.-Johanns-Tor** und **10** **Spalentor**. Letzteres ist 40 m hoch und das imposanteste; Güter aus dem Elsass gelangten hier in die Stadt. Die in der Nähe gelegene **Universität** ist die älteste der Schweiz, eine Volluniversität mit sieben Fakultäten, mehr als 70 Instituten und 13 000 Studierenden. Sie zählt zu den besten der Welt.
Von der Universität kommt man schnell wieder in die Gassen der Altstadt, in denen sich ein ausgefallenes Geschäft ans andere reiht.

Tipp

Souvenirs, Souvenirs

Klassiker wie ein Fondueset mit Kuhdesign oder eine Kuckucksuhr stehen ebenso im Regal wie modernes Kunsthandwerk aus Glas oder Keramik. Beim Schweizer Heimatwerk findet man traditionelle und ausgefallene Mitbringsel. Das Label steht für Schweizer Qualität, Funktionalität und Design.

Schweizer Heimatwerk, Schneidergasse 2, Tel. 0041 (0)61 261 91 78, www.heimatwerk.ch; Mo.–Fr. 9.00–18.30, Sa. 9.00–18.00 Uhr

Die Münstertürme überragen die Stadt

MUSEEN

Basel besitzt rund 40 Museen, hier eine Auswahl: Die **06** **Kunsthalle** vermittelt seit 1872 aktuelle Kunst (Steinenberg 7, www.kunsthallebasel.ch; Di., Mi. und Fr. 11.00–18.00, Do. 11.00–20.30, Sa. und So. 11.00–17.00 Uhr). Unter demselben Dach befindet sich das **Schweizerische Architekturmuseum** (www.sam-basel.org; gleiche Zeiten).
Schatzkammer Basels ist das **04** **Kunstmuseum**, 1661 als erstes bürgerliches Museum eröffnet und die älteste öffentliche Kunstsammlung weltweit. In einem Erweiterungsbau in der Nähe des Stammhauses werden ab 2016 Sonderausstellungen sowie Schätze aus den Archiven zu sehen sein (St.-Alban-Graben 16, www.kunstmuseumbasel.ch; Di. bis So. 10.00–18.00 Uhr).
Schräg gegenüber liegt das **Antikenmuseum Basel** mit der Sammlung Ludwig, das antiker Kunst und Kultur des Mittelmeerraumes gewidmet ist (St.-Alban-Graben 5, www.antiken

Infos

museumbasel.ch; Di.–So. 10.00–17.00 Uhr). Nahe der immer wieder umgebauten Kirche St. Alban (urspr. 13. Jh.) liegt das 15 **Museum für Gegenwartskunst**, das zum Kunstmuseum Basel gehört und in wechselnden Ausstellungen Kunst von den 1960er-Jahren bis in die unmittelbare Gegenwart zeigt (St.-Alban-Rheinweg 60, www.kunstmuseumbasel.ch; Di.–So. 11.00–18.00 Uhr). Benachbart präsentiert das **plug.in** zeitgenössische und mit elektronischen Medien arbeitende Kunst (St.-Alban-Rheinweg 64, www.iplugin.ch; Mi.–So. 13.00 bis 17.00 Uhr während der Ausstellungen).

Skulpturen aus Metallteilen setzen sich auf Knopfdruck in Bewegung und lassen es scheppern und krachen: Das 14 **Jean Tinguely** gewidmete Museum zeigt seit 1991 dessen ungewöhnlichen Werke (Paul-Sacher-Anlage 2, www.tinguely.ch; Di.–So. 11.00–18.00 Uhr).

In einem spätgotischen Bau ist das 17 **Karikatur- & Cartoonmuseum** zu finden (St-Alban-Vorstadt 28, www.cartoonmuseum.ch; Di.–Fr. 14.00–18.00, Sa. und So. 11.00–18.00 Uhr).

Das 03 **Museum der Kulturen** ist das größte ethnologische der Schweiz. Die Sammlungen zu Südsee, Altamerika, Tibet und Bali sowie seine Textilien besitzen Weltruf. Seine Erweiterung durch die Architekten Herzog & de Meuron setzt städtebauliche Akzente (Münsterplatz 20, www.mkb.ch; Di.–So. 10.00–17.00 Uhr).

Im 02 **Naturhistorischen Museum** kann man auf eine Reise in die Vergangenheit bis zur Entstehung der Erde gehen (Augustinergasse 2, www.nmb.bs.ch; Di.–So. 10.00–17.00 Uhr).

Erinnerungen an die Kinderzeit werden im 07 **Puppenhausmuseum** bei allen Generationen wach (Steinenvorstadt 1, www.spielzeug-welten-museum-basel.ch; tgl. 10.00–18.00 Uhr).

In ungewöhnlicher Umgebung ist das 09 **Musikmuseum** untergebracht, Teil des Historischen Museums Basel. In 24 Zellen eines ehem. Gefängnisses werden Musikinstrumente gezeigt; eine der Zellen erinnert noch an Haftzeiten (Im Lohnhof 9, www.hmb.ch; Mi.–Sa. 14.00–18.00, So. 11.00–17.00 Uhr). Weitere Standorte des Historischen Museums sind die 08 **Barfüsserkirche** mit Kunst, Kunsthandwerk und Alltagskultur (Barfüsserplatz, www.hmb.ch; Di.–So. 10.00–17.00 Uhr), das 05 **Haus Zum Kirschgarten**, das bürgerliche Wohnkultur in Basel zeigt (Elisabethenstrasse 27/29, www.hmb.ch; Di.–Fr. und So. 10.00–17.00 Uhr, Sa. 13.00–17.00 Uhr) und das 18 **Kutschenmuseum** in den Merian-Gärten, dem im Stil eines englischen Landschaftsgartens gehaltenen Botanischen Garten Brüglingen (www.hmb.ch; Mi., Sa. und So. 14.00–17.00 Uhr).

Der technischen und kulturellen Entwicklung von Papier, Schrift und Druck ist die 15 **Basler Papiermühle** gewidmet, letzte einer ganzen Reihe Wassermühlen am im 12. Jh. gegrabenen St.-Alban-Kanal (St.-Alban-Tal 37, www.papiermuseum.ch; Di.–So. 14.00–17.00 Uhr).

Die 12 **Verkehrsdrehscheibe Schweiz** mitten im Basler Rheinhafen Kleinhüningen gewährt Einblicke in die Schweizer Schifffahrt im Zusammenwirken mit Schienen-, Straßen- und Luftverkehr (Westquaistrasse 2, www.verkehrsdrehscheibe.ch; März–Nov. Di.–So. 10.00 bis 17.00, sonst Di., Sa. und So. 10.00–17.00 Uhr).

Tipp

Das größte Volksfest

„Z' Basel isch Mäss" – und alle gehen hin. Die Basler feiern seit mehr als 500 Jahren ihre Herbstmesse, genauer gesagt seit 1471, als Kaiser Friedrich III. dem Basler Bürgermeister Hannsen von Berenfels auf dem Reichstag zu Regensburg „für ewige Zeiten" die Messe bewilligte. Sie beginnt jeweils 14 Tage vor dem Martinstag, dem 11. Nov. Zwei Wochen lang locken verführerische Düfte von Zuckerwatte und anderen Speisen, verzaubern Lichterketten von Vergnügungsbahnen und dreht sich das Riesenrad hoch über der Stadt auf dem Münsterplatz. Die Basler Mess' lässt sich an mehreren Plätzen in der Stadt nieder und überall gibt es ein anderes Angebot. Sie ist das größte Volksfest in der Schweiz und der Region am Oberrhein.

Informationen unter www.visitbasel.ch

„Helvetia" blickt von Basels Mittlerer Brücke rheinabwärts Richtung St. Johann

AKTIVITÄTEN

Basel lässt sich gut zu Fuß, mit der Oldtimer-Straßenbahn, bei einer Rundfahrt mit dem Bus oder während einer Rheinschiffstour mit der Basler Personenschifffahrt erkunden (Reservierungen Tel. 0041 (0)61 639 95 00, Auskunft Tel. 0041 (0)61 261 75 50, www.bpg.ch).

Die Tourist-Information verleiht iGuides, auf denen fünf **Stadtrundgänge** gespeichert sind, die es auch als Smartphone-Apps gibt.

Einen grandiosen Überblick über Basel bietet die „BarRouge" auf dem 105 m hohen 13 **Messeturm** (www.barrouge.ch; So.–Di. 17.00–1.00, Mi. bis 2.00, Do. bis 3.00, Fr. und Sa. bis 4.00 Uhr). Er ist das höchste bewohnte Gebäude der Schweiz.

Der 19 **Basler Zoo**, liebevoll Zolli genannt, gilt als einer der schönsten Tiergärten in Europa. (Binninger Strasse 40, www.zoobasel.ch; tgl. 8.00–17.30/18.30 Uhr). Der 10 **Botanische Garten der Universität** ist u.a. für seine Orchideen bekannt (Schönbeinstrasse 6, Garten April–Okt. tgl. 8.00–18.00, sonst tgl. 8.00–17.00, Gewächshäuser tgl. 9.00–17.00 Uhr). Ein weiterer 18 **Botanischer Garten (Merian-Gärten)** und schöner Landschaftspark liegt im Südosten Basels (Vorder Brüglingen 5; tgl. 8.00 Uhr bis Einbruch der Dunkelheit).

VERANSTALTUNGEN

Basel bietet jedes Jahr zwei Messen mit Weltgeltung: die **Uhren- und Schmuckmesse Basel World** im Frühjahr und die **Kunstmesse Art Basel** im Frühsommer. Höhepunkt zum

Winterende ist die **Fastnacht** ▶**TOPZIEL**, die mit dem berühmten Morgenstraich beginnt. Zu den 72 Stunden Basler Fastnacht von Montagmorgen nach Aschermittwoch um 4.00 Uhr bis Donnerstagmorgen um 4.00 Uhr gehören auch die Cortèges genannten Umzüge der rund 12 000 Maskenträger Mo. und Mi. um 13.30 Uhr. Wichtig ist, eine Plakette zu kaufen, denn damit unterstützt man diese traditionsreiche Veranstaltung.
Zum **Nationalfeiertag** der Schweizer am 1. Aug. entzünden die Basler am Vorabend ein großes Feuerwerk. Rund um den Nationalfeiertag legt das Kulturfloß für mehrere Wochen bei der Mittleren Rheinbrücke auf Kleinbaseler Seite an. Im Herbst amüsiert zwei Wochen lang vor Martini (11. Nov.) die **Herbst Messe**. Am Sa. vor dem 1. Advent öffnet der traditionelle **Weihnachtsmarkt** auf dem Barfüsserplatz mit rund 150 Ständen (www.baslerweihnacht.ch).

HOTEL / RESTAURANTS

€€ Au Violon: originelles Hotel mit 20 kleinen Zimmern im ehem. Untersuchungsgefängnis (Im Lohnhof 4, CH-4051 Basel, Tel. 0041 (0)61 269 87 11, www.au-violon.com).
€€€ Hasenburg: Das „Château Lapin" ist bekannt für seine Rösti, ist urgemütlich, ob an den Holztischen im Erdgeschoss oder im ersten Obergeschoss (Schneidergasse 20, Tel. 0041 (0)61 261 32 58).
€€€ Zum Braunen Mutz: ein bereits 1913 eröffneter Baseler Klassiker mit regionaler und saisonaler Schweizer Speisekarte (Barfüsserplatz 10, Tel. 0041 (0)61 261 33 69, www.braunermutz-basel.ch).

Tipp

Immer Weihnachten

Was trägt der Weihnachtsbaum in diesem Jahr? Bei Johann Wanner, der weltweit bekanntеste Händler von mundgeblasenem und handbemaltem Christbaumschmuck, ist das ganze Jahr über Weihnachten. Adventskalender aus Papier mit uralten und modernen Motiven verkürzen die Wartezeit aufs schönste Fest im Jahr.

Johann Wanner Weihnachtshaus, Spalenberg 14, Tel. 0041 (0)61 261 48 26, Weihnachtsstube, Schneidergasse 7, Tel. 0041 (0)61 261 50 00, www.johannwanner.ch

DuMont Aktiv

Romanze im Dunklen

„Jetzt küsst Euch doch endlich", wünschen sich die Zuschauer am Ende sehnlichst – doch ihre Bitte wird nicht erhört. Wie soll es auch ein Happy-End geben zwischen einem Nachtwächter und einer Offiziersgattin? Der historische Stadtrundgang „Des Nachts in dunklen Gassen" im St.-Alban-Viertel fesselt Menschen jeden Alters.

Wenn sich Nachtwächter Rudolf Streiff donnerstags auf seinen Kontrollgang durch die Vorstadt St. Alban macht, nimmt er all diejenigen mit, die den historischen Stadtrundgang beim Basler Tourismusbüro gebucht haben.
Für sie bringt er Licht in die Aufgaben eines Nachtwächters von Anno dazumal, in die Gepflogenheiten in St. Alban, wo der „niedere Pöbel" unten im Quartier lebt und die „besseren Herrschaften" weiter oben und wo einst 13 Mühlen betrieben wurden. Immer wieder begegnet die Gruppe der Offiziersgattin Helena Hoffmann Merian, und keinem bleibt verborgen, dass sich die beiden (unglücklich) lieben. Die Zuschauer lassen sich von diesen Geschichten aus der Geschichte fesseln, gleich ob sie in Basel leben oder von weit her angereist sind. Die Schauspieler Salomé Jantz und David Bröckelmann schlüpfen seit 2007 bei jedem Wetter gerne in ihre Rollen – auch wenn es kein Happy-End für die beiden gibt. Zumindest nicht auf der (Straßen-)Bühne.

Unterwegs mit dem Nachtwächter

Basel bei Nacht: Platz für Romanzen

WEITERE INFORMATIONEN

Nachtwächterrundgang „Des Nachts in dunklen Gassen" Mai bis Okt. Do. 21.00, Nov.–April Do. 19.00 Uhr.
Weitere szenische Rundgänge „Aus den Federn, Schreiber", „Habemus Papam" u. a.

Tickets bei Basel Tourismus und den Tourist-Informationen, Tel. 0041 (0)61 268 68 68, www.basel.com.
Informationen zu den Schauspielern unter www.salomejantz.ch, www.david-bröckelmann.ch und www.theater-am-weg.ch.

Ein Stück Europa ohne Grenzen

Schlicht „Regio" nennt sich das Dreiländereck, in der ein grenzenloses Europa schon Wirklichkeit geworden zu sein scheint. Architekten aus aller Welt pilgern hierher, um zu bestaunen, was die Stars der Szene zwischen Weil am Rhein und Basel alles geschaffen haben. Im Zusammenspiel mit den Bauwerken, die vor mehr als 2000 Jahren unter Roms Herrschaft entstanden sind, wird Geschichte erlebbar.

Die beeindruckende Burgruine Rötteln bei Lörrach: Wer will, kann hoch über dem Wiesental einkehren, speisen oder auch heiraten

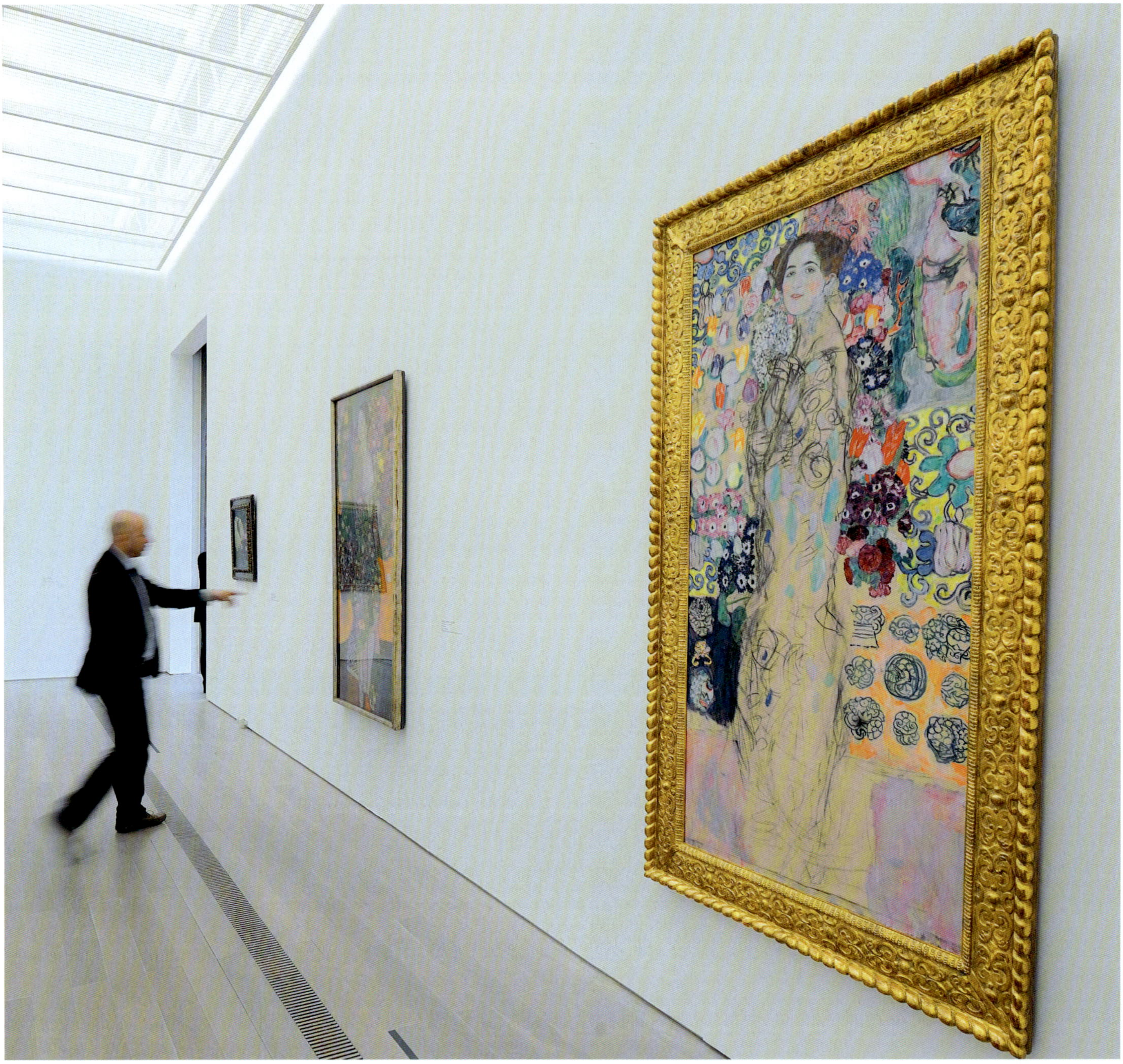

Mit der Fondation Beyeler in Basel-Riehen besitzt das Dreiländereck einen der herausragendsten Orte, um Kunst zu genießen

2000 Jahre vor Renzo Piano: Das Theater der römischen Stadt Augusta Raurica hat die damaligen Zeitgenossen sicher auch begeistert

Stararchitekt Renzo Piano schuf den Museumsbau der Fondation Beyeler

Das Goetheanum in Dornach ist Sitz der Anthroposophischen Gesellschaft und wurde von Rudolf Steiner entworfen

Special AUGUSTA RAURICA

Die Perle Roms am Hochrhein

Unweit von Basel erinnern die Ausgrabungen bei Kaiseraugst an Augusta Raurica, um 45 v. Chr. gegründet und damit die älteste römische Siedlung in der Schweiz. Heute zeigt das größte archäologische Freilichtmuseum der Nordwestschweiz das Leben zur Zeit der Römer.

Die Sehenswürdigkeiten sind atemberaubend. Von keiner anderen Stadt sind so viel Münzen, Götterstatuen, Fibeln und Gläser wissenschaftlich aufgearbeitet wie von Augusta Raurica, einst ein Zentrum antiker Kultur am Rhein mit Foren, Theatern, Thermen und Tempeln. Rund 20000 Menschen lebten hier zur Blütezeit des Kastells, seinerzeit ein Hauptumschlagsplatz des Warenverkehrs über die Alpen. Einblicke in den Alltag vermittelt das Römerhaus mit Küche, Bankettsaal, Baderäumen und Schlafzimmer. Schmiede, Bronzegießerei, Fleischräucherei und Schankstube zählten ebenso dazu. Das römische Theater ist die am besten erhaltene antike Anlage nördlich der Alpen. Dahinter liegt die Curia, die 100 Ratsherren Platz bot, und eine Badeanlage mit Brunnenhaus.

Kochen am antiken Herd

Sensationell war 1961 die Entdeckung eines Silberschatzes (datiert auf um 352 n. Chr.), als ein Bagger die Kostbarkeiten dem Erdreich entriss. Jetzt kann man die Silbergeräte und Münzen im Museum besichtigen, die die Offiziere wohl vor anstürmenden Alemannen in Sicherheit gebracht, aber nie zurückgeholt hatten. Um 400 n. Chr. zogen die römischen Truppen ab.

Seit dem Versailler Vertrag von 1919 leben die Menschen im Dreiländereck zwar in einer Region, aber in drei Staaten, genauer gesagt am Rand von drei Staaten. Sie sind umgeben von Grenzen, die heute zwar mehr oder minder offen sind, lange aber Einschränkungen bedeuteten. Was sich Schmuggler alles einfallen ließen, um den Zollbeamten ein Schnippchen zu schlagen, zeigt die Ausstellung im Museum am Burghof von Lörrach. Dies ist aber nur ein Teil der Sammlung zur Geschichte der fast 9000 Quadratkilometer umfassenden sogenannten Regio, die Südbaden, die Nordwestschweiz und das Oberelsass verbindet.

KUNST IN LÖRRACH

Das Lörracher Museum hat mit dem Kultur- und Veranstaltungszentrum Burghof einen interessanten Nachbarn. Das Gebäude aus Beton, Klinkerstein, Stahl und Glas wirkt von außen wie ein schmales, hohes Schiff. An der Pyramide am Burghof beginnt der Lörracher Skulpturenweg, der zu weiteren Kunstwerken in der Stadt führt. Dieser Rundgang durch die Stadt zeigt demonstrativ ihren Wandel vom industriellen Zentrum des Markgräflerlandes mit dem im Niedergang begriffenen Schwerpunkt Textilindustrie zum modernen Kultur- und Dienstleistungszentrum.

Bis heute eine idyllische Wasserburg: Schloss Reichenstein, auch Wasserburg Inzlingen genannt. Hier zeigen Köche ihre Künste

Die Röttler Kirche in Lörrach beherbergt das Grab Annas von Freiburg

EIN BESONDERES GESCHENK

Architektur spielt nicht nur im südbadischen Teil der Regio eine große Rolle. Lediglich einen Steinwurf entfernt – in Riehen, kurz hinter der Deutsch-Schweizer Grenze – hat Renzo Piano das Domizil der Fondation Beyeler entworfen. Hinter einer Porphyrmauer glaubt man in einer anderen Welt zu sein. Kunst, Gebäude und Natur bilden eindrucksvoll eine Einheit. Der Galerist Ernst Beyeler hatte schon früh eine Leidenschaft für Kunst entdeckt, aber auch seine glückliche Hand bei der Auswahl zeitgenössischer Werke. Nun lebt ein Galerist ja eher vom Verkauf der Kunstwerke als davon, sie zu behalten, aber als geschickter Baseler Kaufmann hat Beyeler einen Weg gefunden, Geschäft und Leidenschaft zu vereinen.

GRENZGÄNGER EINST UND JETZT

Vor mehr als 2000 Jahren standen in dieser Ecke der Regio schon einmal beeindruckende Bauwerke. Heute erinnern nur noch Reste an Augusta Raurica, einst Kolonie und Stützpunkt römischer Truppen nördlich der Alpen. Auch wenn die Römer gute Brückenbauer waren, eine 248 Meter lange Querung über den Rhein zu bauen, wäre seinerzeit unvorstellbar gewesen. Diese längste Fußgängerbrücke der Welt erstreckt sich von Weil über den Rhein nach Huningue im Elsass und ist eine der Verbindungen in der Regio. Die mehr als zwei Millionen Menschen, die hier im Zentrum Europas leben, wissen um ihre Gemeinsamkeiten in Sprache, Kultur und als Wirtschaftsraum. Dass sich Basel, Mulhouse und Freiburg zum EuroAirport zusammengefunden haben, ist dabei nur ein Aspekt. Tägliche Grenzübergänge, um im Nachbarland zu arbeiten, sind eine Selbstverständlichkeit.

ARCHITEKTUR

Bauherren mit Mut zur Innovation

Tief im Süden Deutschlands und hoch im Norden der Schweiz entstand und entsteht ein Spitzenplatz der internationalen Architekturszene. Eine weltweit einmalige Sammlung hochkarätiger Gegenwartsarchitektur.

Frank O. Gehry entwarf das Vitra Design Museum in Weil am Rhein, das Baseler Architekturbüro Herzog & De Meuron das Vitra-Haus (links). Gerri Thomas kreierte den „Zig Zag"-Stuhl (unten)

Als Rolf Fehlbaum 1981 vor den verkohlten Überresten der Produktionsanlagen seiner Möbelfirma Vitra stand, begriff er das Desaster als Chance, das „Projekt Vitra" um ein Architekturprojekt zu ergänzen und dem anspruchsvollen Möbeldesign ein exzellentes Architekturkonzept an die Seite zu stellen. Nicholas Grimshaw baute die ersten neuen Produktionshallen, aber von dessen Konzept einer homogenen Bebauung des Vitra-Geländes in Weil am Rhein rückte Firmenchef Fehlbaum ab, als er Frank O. Gehry kennenlernte. Mit dem Bau des Vitra Design Museums, Gehrys erstem Werk in Europa, begann eine einmalige Architektursammlung. Sechs der Architekten, die in Weil am Rhein gebaut haben, sind mit dem Pritzker-Preis ausgezeichnet worden, dem weltweit renommiertesten Preis im Bereich Architektur. Rolf Fehlbaum hatte sie alle vor der Auszeichnung engagiert, was für sein untrügliches Gespür für Qualität spricht. Führungen durch diesen einzigartigen Architekturpark werden täglich angeboten.

Neben solch hochkarätigen Architekten braucht es natürlich auch mutige und für Neues offene Bauherren, um eine solche Architekturoase zu schaffen. Rolf Fehlbaum ist einer von ihnen. Andere sind beispielsweise die Credit Suisse, die Richard Meier beauftragte, das Euregio-Gebäude in der Nähe des Bahnhofs SBB zu bauen, der Kunsthändler Ernst Beyeler, der von Renzo Piano in Riehen ein Museum für seine Kunstsammlung bauen ließ und der Unternehmer Paul Sacher, der dafür sorgte, dass Mario Botta die bewegte Kunst von Jean Tinguely passend umhüllte, sind weitere Beispiele innovativer Bauherren in der Regio. Aber auch das ehrgeizige Bauprogramm des Kantonalen Hochbauamtes in Basel sorgt dafür, dass sich neben historischen Bauten eine moderne Stadt entwickeln kann. Bei drei Architekturspaziergängen durch Basel können sich Besucher alle namhaften Entwürfe ansehen, die verwirklicht wurden. In Zusammenarbeit mit dem Schweizerischen Architekturmuseum (SAM) hat das Tourismusbüro eine Broschüre herausgegeben, die alle sehenswerten Gebäude in und um Basel herum verzeichnet. Das „SAM", mitten in der Stadt gelegen, versteht sich als Zentrum des Architekturdiskurses in der Schweiz. Wo wäre es besser angesiedelt als in dieser reichen architektonischen Umgebung.

FAKTEN

Architekturführungen auf dem Vitra-Gelände:
(www.vitra.com) tgl. 11.00,13.00 und 15.00 Uhr
Schweizerisches Architekturmuseum: *(Steinenberg 7, www.sam-basel.org) Di., Mi., Fr. 11.00–18.00, Do. 11.00–20.30, Sa. und So. 11.00–17.00 Uhr*
Auswahl sehenswerter Gebäude in Basel:
Schaulager, Ruchfeldstraße 19 (Herzog & de Meuron)
Bankgebäude, Aeschenplatz 1 (Mario Botta)
Messeturm, Messeplatz 12 (Morger & Degelo)

Maßstab 1:200.000
0
2
4km
MÜLLHEIM
NEUENBURG am Rhein
Wittenheim
Kingersheim
Illzach
Sausheim
Baldersheim
Ottmarsheim
Chalampé
Badenweiler
Auggen
Schliengen
Bad Bellingen
Kleines
Malsburg
Riedisheim
Rixheim
Habsheim
MULHOUSE
Brunstatt
Zimmersheim
Eschentzwiller
Forêt Domaniale
Harth Sud
Landser
Dietwiller
Kembs
KANDERN
Sierentz
Efringen-Kirchen
Steinen
Binzen
LÖRRACH
Maulburg
Bartenheim
Rosenau
Village-Neuf
Huningue
WEIL am Rhein
Saint-Louis
Blotzheim
Riehen
Inzlingen
RHEINFELDEN
Hégenheim
Allschwil
BASEL
Birsfelden
Grenzach-Wyhlen
Binningen
Bottmingen
Oberwil
Muttenz
Münchenstein
Pratteln
Frenkendorf
Reinach
Arlesheim
Dornach
LIESTAL
Ferrette
Leymen
Therwil
Flüh
Ettingen
Aesch
Hofstetten
Lausen
Sissach
Laufen
LAUFEN
Zwingen
Grellingen
Breitenbach
DELEMONT
Oberdorf
WALDENBURG
Mümliswil
Passwang
01
02
03
04
05

Unterwegs im „Baselbiet"

Das Dreiländereck rund um die Metropole Basel gilt als Dorado für Architekten und Freunde zeitgenössischen Bauens aus ganz Europa. Darüber hinaus bietet es auch in Sachen moderner Kunst, Geschichte und Technik manche Höhepunkte. Und nicht zuletzt schafft es Naturfreunden mit Rhein und Jura einige Freiräume.

01 WEIL AM RHEIN

Weil (30000 Einw.) bildet mit seinen vielen Ortsteilen und dem benachbarten Lörrach ein sogenanntes Oberzentrum und wird durch seine Lage im Ballungsraum Basel bestimmt. 786 erstmals genannt, waren die folgenden Jahrhunderte von Landwirtschaft und Weinbau geprägt. 1913 wur de der Rangierbahnhof Basel-Weil eröffnet; in der Folge entwickelte sich Weil zum industriellen Zentrum.

Sehenswert

Seit mehr als 50 Jahren stellt **Firma Vitra** in Zusammenarbeit mit bedeutenden Designern Möbel für Zuhause, Büros und den öffentlichen Raum her. Nach einem Großbrand 1981 beauftragte das Unternehmen den englischen Architekten Nicholas Grimshaw mit dem Wiederaufbau eines Gebäudes. Seit dieser Zeit ist der Campus zu einer Art Werkschau berühmter zeitgenössischer Architekten geworden (siehe auch S. 106) – deshalb bietet das **Vitra Design Museum** ▶TOPZIEL Architekturführungen an. Beginn ist beim Museum, das der kanadisch-US-amerikanische Architekt Frank O. Gehry wie eine verschachtelte Skulptur entwarf (1989). Urspr. Ausstellungsraum für die Stühle-Sammlung der Firma, werden jetzt wechselnde Ausstellungen zu Design und Wohnkultur gezeigt. Durch eine Pforte Frank O. Gehrys und vorbei an seinem Produktionsgebäude gelangen Besucher zur Produktionshalle (1994) des Portugiesen Alvaro Siza. Das Feuerwehrhaus (1993, heute Veranstaltungsraum) der irakischen Stararchitektin Zaha Hadid kommt ohne rechte Winkel aus. Minimalismus bestimmt den vom Japaner Tadao Ando entworfenen Konferenz-Pavillon (1993), der dadurch eine Konzentration auf das Wesentliche ermöglicht; wer die Betonwand, die zum Eingang hinführt, genau betrachtet, wird Abdrücke von Kirschbaumblättern finden, von den benachbarten Bäumen auf den feuchten Beton geweht. Die Möbelkollektion präsentiert sich den Besuchern im **VitraHaus** von Herzog & de Meuron auf sehr ungewöhnliche Art und Weise (Charles-Eames-Straße 1, www.design-museum.de; tgl. 10.00 bis 18.00, Führungen Sa., So. und Fei. 11.00, Architekturführungen tgl. 11.00, 13.00 und 15.00 Uhr).

Information

Tourist-Information, Hauptstraße 290/1, 79576 Weil am Rhein, Tel. 07621 422 04 40, www.w-wt.de

> **Tipp**
>
> ### Museumspass
>
> Kulturgenuss kann teuer werden, wenn man in einem Gebiet wie der Regio unterwegs ist, in der sich interessante und spannende Museen häufen. Da rechnet sich selbst für Urlauber der Oberrheinische Museumspass, der ein Jahr lang freien Eintritt in mehr als 250 Museen zwischen Mannheim und Basel, Colmar und Pforzheim oder Villingen-Schwenningen garantiert – auch für Sonderausstellungen. Fünf Kinder bis 18 Jahre gehen kostenfrei mit. Erhältlich ist der Pass in allen Mitgliedsmuseen oder unter www.museumspass.com für 79.– € für eine und 144.– € für zwei Personen.

02 LÖRRACH

Die Große Kreisstadt mit 49000 Einw. ist Verwaltungssitz des gleichnamigen Landkreises. Im Schatten der Burg Rötteln entwickelte sich ab 1100 das Dorf, das im 15. Jh. Marktrecht erhielt und von seiner Lage an Nord-Süd-Verbindungen profitierte. Zahlreiche kriegerische Auseinandersetzungen im 17. und 18. Jh. beeinträchtigten die Entwicklung sehr. Dennoch konnte Lörrach am Aufschwung des Wirtschaftsraums Basel teilhaben. Wohl bekanntestes Industrieunternehmen ist die Schokoladenfabrik von Kraft Foods, besser unter dem Markennamen Milka bekannt.

Sehenswert

Einen guten Blick auf Lörrach und das Dreiländereck hat man von der **Burgruine Rötteln**. Im 11. Jh. erbaut, ging die Burg 1316 an die Markgrafen von Hachberg-Sausenburg, die sie zu einer der mächtigsten Festungen Südwestdeutschlands ausbauten. Beim Bauernaufstand 1525 geplündert und im Dreißigjährigen Krieg beschädigt, wurde sie 1678 während des Holländischen Kriegs zerstört. Die imposante Burgruine vermittelt zwischen ihren dicken Mauern, den Höfen, Brunnen und Gebäuden einen Eindruck vom mittelalterlichen Leben; die beiden Türme kann man besteigen. In der Landschreiberei ist ein Museum untergebracht, das u. a. Modelle der Burg zeigt. Im Sommer bietet

Verbindet Kunst und Natur: Fondation Beyeler

die Burgruine den stilvollen Rahmen für Freilichtspiele (April–Okt. tgl. 10.00–18.00, sonst So.11.00–16.00 Uhr).

Der **Lörracher Burghof** ist ein modernes Veranstaltungszentrum (1998) mit multifunktionalen Sälen und Konferenzräumen und hat sich zu einem wichtigen Kulturbestandteil der Regio entwickelt. Das benachbarte **Museum am Burghof** beleuchtet in der Ausstellung Expo TriRhena Vergangenheit, Gegenwart und Zukunft der Regio – beispielsweise: Welche Gemeinsamkeiten verbinden die drei Länder, wie kam es zur Dreiteilung, wohin entwickelt sich die Regio (Basler Straße 143, www.museum-am-burghof.de; Mi.–Sa. 14.00–17.00, So. 11.00 bis 17.00 Uhr,). Bei der Pyramide des amerikanischen Konzeptkünstlers Bruce Nauman beginnt am Burghof der **Lörracher Skulpturenweg** mit 22 Stationen quer durch die Innenstadt.

Aktivitäten

Selbsterfahrung und viel Spaß verspricht der **Erlebniskletterwald**. Künstliche Hindernisse wurden in gewachsenen Baumbestand integriert (neben der Jugendherberge, Steinenweg 40, Lörrach-Stetten, www.erlebniskletter wald.de; April–Okt. tgl 10.30/13.00–19.00 Uhr). Lörrachs **Markt** ist ein Muss. Mit dem Marktrecht sollte 1403 ein Gegengewicht zu Basel geschaffen werden. Heute bieten rund Erzeuger und Händler regionale **Spezialitäten** an, bei denen auch viele Schweizer Kunden einkaufen (Neuer Marktplatz; Sa., Di., Do. 7.00–13.00 Uhr).

Veranstaltungen

Das **„Stimmen"-Festival** in Lörrach ist eines der großen Musikereignisse der Regio. Im Sommer sind Konzerte der unterschiedlichsten Musikrichtungen auf dem Marktplatz in Lörrach und an verschiedenen Stellen der Region Basel und Elsass zu hören (www.stimmen.com).

Infos

Hotel und Restaurant

€€ Hotel-Restaurant am Burghof: kleines Hotel mit ambitionierter mediterraner und regionale Küche (79539 Lörrach, Herrenstraße 3, Tel. 07621 94 03 80, www.amburghof.de).
€€ Zum wilden Mann: Restaurant mit guter Weinauswahl, regionale Küche (Lörrach, Basler Straße/Am alten Markt, Tel. 0 7621 37 29, www.zum-wilden-mann.com).

Information

Tourist-Information, Burghof Lörrach, Herrenstraße 5, 79539 Lörrach, Tel. 07621 940 8913, www.loerrach.de

03 RIEHEN

Die zu Basel gehörende Landgemeinde (20 800 Einw.) genießt sei dem 17. Jh. einen Ruf als Künstlerort.

Museen

127 m misst das Gebäude der **Fondation Beyeler** ▶**TOPZIEL**, 1997 entworfen vom Genueser Architekt Renzo Piano. In 50 Jahren trug das Sammlerehepaar Hildy und Ernst Beyeler parallel zu seiner Galeristentätigkeit in Basel ausgesuchte Werke der klassischen Moderne zusammen. 1982 wurde die Sammlung in eine Stiftung überführt, die heute rund 200 Bilder und Skulpturen umfasst und eine persönlich geprägte Sicht auf die klassische Moderne dokumentiert, orientiert aber an strengen Qualitätsmaßstäben. Große Künstlernamen sind vertreten und werden in einem Gebäude präsentiert, das sich stark zurücknimmt und zugleich Kunst und Natur verbindet. Immer wieder findet der Besucher Möglichkeiten, sich zu setzen und beides auf sich wirken zu lassen (Baselstraße 101, www.beyeler.com; tgl. 10.00 bis 18.00, Mi. 10.00–20.00 Uhr).
Einige Häuser weiter zeigt der **Kunst Raum Riehen** zeitgenössische Kunst in alter bäuerlicher Architektur (Baselstraße 71, www.kunstraumriehen.ch; bei Ausstellungen Mi.–Fr. 13.00 bis 18.00, Sa. und So. 11.00–18.00 Uhr). Das burgartige Wettsteinhaus (17. Jh.) ist Heimstatt des **Spielzeug-, Dorf- und Rebbaumuseums** (Baselstrasse 34, www.spielzeugmuseumriehen.ch; Mi.–Mo. 11.00–17.00 Uhr).

Umgebung

Weiter östl. liegt hinter Grenze und Wald **Inzlingen** mit seinem Wasserschloss (um 1500), das heute ein Restaurant und die Gemeindeverwaltung beherbergt.

> **Tipp**
>
> ### Wandern in der Regio
>
> Drei schwarze Rechtecke auf gelbem Grund kennzeichnen den Interregio-Wanderweg. In zehn Tagen führt ein 220 km langer Rundkurs Wanderer durch das schweizerische sogenannte Baselbiet, den französischen Sundgau und das deutsche Markgräflerland. Da die meisten Etappen auch mit öffentlichen Verkehrsmitteln erreichbar sind, kann man sich einzelne Tagestouren aussuchen. Die Interregionale Gesellschaft für Freizeitgestaltung Basel hat den Weg initiiert und beschreibt ihn ausführlich in dem von der Gesellschaft herausgegebenen Regio-Führer.
>
> *Regio-Verlag, 79589 Binzen, Postfach 6, Tel. 07621 6 35 77, www.regio-verlag-binzen.de*

Das Freilichtmuseum Augusta Raurica ermöglicht einen Blick auf das römische Badeleben

04 AUGST

Augst (900 Einw.) und das größere Kaiseraugst (5500 Einw.) gehören zum Baseler Ballungsraum. Beide haben ihren Ursprung in der römischen Stadt Augusta Raurica.

Sehenswert

Jahrzehntelange Grabungen zwischen Ergolz, Violenbach und Autobahn und deren Auswertungen vermitteln einen Einblick in den Alltag einer römischen Großstadt vor 2000 Jahren, als 20 000 Menschen **Augusta Raurica** bevölkerten (Museum März–Okt. Mo. 13.00–17.00, Di.–So. 10.00–17.00, sonst Mo. 13.00–17.00, Di.–So. 11.00–17.00 Uhr; Außenanlagen, Schutzhäuser und römischer Tierpark tgl. 10.00–17.00 Uhr; aktuelle Grabungen und weitere Informationen auf www.augusta-raurica.ch). Im Sommer wird das antike Theater mit unterschiedlichen Programmen bespielt (www.theater-augusta-raurica.ch).
Eine ganz andere Welt spiegelt das mächtige **Wasserkraftwerk** mit seinem den Rhein sperrenden Stauwehr, 1912 in Betrieb genommen und 1994 auf 34 Megawatt Leistung erweitert, was in etwa dem Verbrauch von etwa 62 500 Haushalten entspricht. Führungen organisiert Energie Zukunft Schweiz (Margarethenstraße 40, Tel. 0041 (0)61 275 99 15, www.linie-e.ch).

Aktivitäten

Der **Rheinpfad** zwischen Augst und Basel will die Bedeutung des Lebensraums Rhein für die Region ins Bewusstsein rücken. Themen, die entlang dem Weg angesprochen werden, sind u. a. Fischerei, Schifffahrt, Rheinhäfen, Flößerei, die Basler Fähren und die Fledermäuse am Rhein. Darüber hinaus wird eine Vielzahl von Veranstaltungen und Führungen angeboten (AG Rheinpfad, Tel. 0041 (0)61 686 96 96, www.rheinpfad.ch).

05 BINNINGEN

Auch diese, mittlerweile 1000-jährige Gemeinde (15 000 Einw.) ist heute ein Vorort Basels. Ihr ehem. Wasserschloss (Urspr. 13. Jh.) beherbergt heute ein nobles Restaurant.

DuMont Aktiv

Drei-Länder-Tour am Rhein

Der Südschwarzwald-Radweg ist etwas für Genießer. Ohne wesentliche Anstiege führt er von Hinterzarten aus rund um den Naturpark Südschwarzwald. Der Abschnitt von Basel nach Freiburg verbindet die drei Länder der Regio und führt die Radler zu kulturellen Höhepunkten und typischen Landschaften.

Wenn Sie Museumslandschaft in Basel erobert haben, ist die Zeit gekommen, aufs Rad zu steigen. Werfen Sie von der Pfalz hinter dem Münster nochmals einen Blick auf den Rhein und Kleinbasel und machen Sie sich dann auf den (Rad-)Weg Richtung Universität und Hunnigue. Bald werden Sie die Grenze nach Frankreich überqueren.

Schwarzwald sportlich entdecken

CROISSANT UND REBEN

Bei einem Abstecher ins Zentrum nach Hunnigue lässt sich das französische Lebensgefühl bei einem Café au lait und frischen Croissants in vollen Zügen genießen. Frisch gestärkt geht's auf die „Passerelle des Trois Pays", die mit einer Stützweite von 230 Metern als längste frei tragende Radfahrer- und Fußgängerbrücke der Welt gilt. Die Dreiländerbrücke führt nach Weil am Rhein. Riesige Stühle laden zu einem Abstecher zum Vitra-Gelände ein. Bald teilt sich der Rhein in den Grand Canal d'Alsace und den schon lange begradigten Fluss auf. Die Radler strampeln rechtsrheinisch Richtung Norden nach Bad Bellingen. Ab Neuenburg geht es weg vom Rhein hinein ins schöne Markgräflerland. Reben und Berge säumen den Weg nach Freiburg, wo Sie das nächste Münster erwartet.

WEITERE INFORMATIONEN

Allgemeines: Der Südschwarzwald-Radweg durchquert drei Länder, vier Landkreise und 56 Gemeinden.
Tourinformationen: Der Abschnitt von Basel nach Bad Bellingen umfasst 27,5 km. Von Bad Bellingen bis Bad Krozingen sind 31 km zu bewältigen und bis Freiburg weitere 16 km. In der Reihe bikeline Radtourenbücher ist eine Ausgabe mit ausführlicher Beschreibung der Strecke, Übernachtungshinweisen und schönen Abstechervorschlägen erschienen (Verlag Esterbauer, www.esterbauer.com).

Sehenswert

Dem in Binningen geborenen Peter Monteverdi (1934–1998) gebührt der Ruhm, die einzige Autoschmiede der Schweiz geleitet zu haben; bis 1982 wurden Luxussport- und Luxusgeländewagen produziert. Das **Monteverdi Automuseum** erinnert an seine eleganten Kreationen (Oberwilerstraße 20, Tel. 0041 (0)61 421 45 45, www.monteverdi-automuseum.com; Besichtigung nach Vereinbarung).

Aktivitäten

Südl. liegt Flüh, gut von Basel aus mit der Bahn zu erreichen und Ausgangspunkt für anspruchsvolle Wanderungen auf den **Blauen** (887 m).

Umgebung

Dornach ist als Sitz der von Rudolf Steiner ins Leben gerufenen Anthroposophischen Gesellschaft weltweit bekannt. Nachdem der erste, hölzerne Bau des Goetheanums 1923 durch Brandstiftung zerstört worden war, wurde bis 1928 der monumentale, dem Jugendstil verpflichtete und rechte Winkel vermeidende Bau aus dem seinerzeit neuen Baustoff Sichtbeton errichtet. Der große Saal bietet Konzerten, Theater- und Eurythmie-Aufführungen eine Bühne; bekannt sind die regelmäßigen Aufführungen beider Teile von Goethes „Faust" (Programm unter www.goetheanum.org).

Tipp

Umweltfreundlich reisen

Umweltfreundlich reisen in drei Ländern mit einem Fahrschein: Das Ticket TriRegio macht es möglich. Die kleine Variante gilt im Elsass von Basel aus gesehen bis über den EuroAirport südlich von Mulhouse hinaus, südlich von Basel bis Dornach und in Deutschland im Landkreis Lörrach. Die große Variante reicht vom Feldberg bis weit in die Nordwestschweiz und im Elsass bis Mulhouse. Das TriRegio-Ticket ist eine Tageskarte, die 24 Stunden für einen Erwachsenen und zwei Kinder unter 14 Jahren gilt und an allen Fahrkartenverkaufsstellen im Tarifgebiet erhältlich ist.

Fahrplanauskunft: www.efa-bw.de.
Regio Verkehrsverbund Lörrach, Luisenstraße 16, D-79539 Lörrach, Tel. 07621 41 54 60;
TNW Tarifverbund Nordwestschweiz, Grenzweg 1, CH-4104 Oberwil, Tel. 0041 (0)614 06 11 11, www.tnw.ch

Service

ANREISE

Mit dem Auto: Von Norden über die Autobahn A 5. „Riegel" ist die erste Abfahrt Richtung Kaiserstuhl. Für einen Besuch Freiburgs nimmt man am besten die Abfahrt „Freiburg-Mitte". Um nach Breisach oder ins Markgräflerland zu kommen, ist die Abfahrt „Bad Krozingen" geeignet – auch eine günstige Abfahrt nach Colmar. Weiter südlich hat Mulhouse eine ausgeschilderte Abfahrt, ebenso Weil am Rhein. Dann führt die A 5 direkt auf Basel zu.
Mit dem Zug: Die Region ist über Rheintalschiene via Bahn gut zu erreichen. Richtung Basel fahren sowohl ICE als auch IC, die auch in Freiburg halten.
Mit dem Flugzeug: Der EuroAirport Basel-Mulhouse-Freiburg wird täglich von mehreren Fluggesellschaften angeflogen.

AUSKUNFT

Schweiz: Basel Tourismus, Aeschenvorstadt 36, CH-4010 Basel, Tel. 0041 (0)61 268 68 68, www.basel.com; Baselland Tourismus, Altmarkstrasse 96, CH-4410 Liestal, Tel. 0041 (0)61 927 65 44, www.baselland-tourismus.ch
Elsass: Comité Régional du Tourisme d'Alsace, 20A, rue Berthe Molly, F-68000 Colmar, Tel. 0033 (0)3 89 24 73 50, www.tourisme-alsace.com
Deutschland: Tourist-Information Freiburg, Rathausplatz 2–4, D-79098 Freiburg, Tel. 0761 388 18 80, www.freiburg.de; Kaiserstuhl-Tuniberg Tourismus, Marktplatz 16, D-79206 Breisach, Tel. 07667 94 01 55, www.kaiserstuhl.cc; Werbegemeinschaft Markgräflerland, Wilhelmstraße 14, D-79379 Müllheim, Tel. 07631 80 15 01, www. markgraefler-land.com; Ferienregion Münstertal Staufen, Wasen 47, D-79244 Münstertal, Tel. 07636 70 73 0, www.muenstertal-staufen.de; Südwärts Tourist Information, Hauptstraße 23, D-79650 Schopfheim, Tel. 07622 39 61 45, www. suedwaerts.com.

AUTOFAHREN

Schweiz: Die Autobahnen sind mautpflichtig. Da man um Basel herum sehr schnell auf der Autobahn landen kann, wenn man nicht genau aufpasst, empfiehlt es sich, für entspanntes Reisen eine Autobahnvignette zu kaufen. Diese gilt 14 Monate – vom 1. Dez. bis 31. Jan. des übernächsten Jahres. Sie kostet 40 Schweizer Franken bzw. 33 Euro. Man erhält sie bei Automobilclubs, in Grenznähe auch an Tankstellen. Über das Internet kann man die Vignette bei der Deutschen Post (www.efiliale.de) kaufen oder beim Switzerland Travel Centre (www.swisstravelsystem.com). Auf Autobahnen darf

Geschichte

Ab 1000 v. Chr. Kelten siedeln als erstes historisch bestimmbares Volk im südlichen Schwarzwald, am Rheinknie und links des Rheins.
58 v. Chr. Cäsar siegt über die germanischen Volksstämme. Die Römer beherrschen das Land bis ins 5. Jh. als Provinz „Germania superior". 44 v. Chr. gründen die Römer Augusta Raurica. An den Rändern des südlichen Schwarzwaldes entstehen römische Gutshöfe und aufwändige Thermen.
496 Frankenkönig Clodwig besiegt die Alemannen im späteren Elsass, das damit Teil des Fränkischen Reiches wird.
8.–10. Jh. Im Zuge der Christianisierung entstehen mehrere Klöster: St. Trudpert im Münstertal, St. Blasien, St. Odilien im Elsass. Basel wird 740 Bischofsstadt.
842/843 teilen die Enkel Karls des Großen das Reich auf. Der eine schreibt in altfränkischer Sprache, der andere in altdeutscher – das Elsass ist erstmals zweisprachig. 925 wird das Elsass Teil des Herzogtums Schwaben und später an die Staufer verliehen.
1000 wird Basel freie Reichsstadt, 1019 beginnt dort der Münsterbau (1500 vollendet).
11.–14. Jh. Die Zähringer mehren ihren Einfluss in Süddeutschland und gründen u.a. Freiburg. 1200 beginnt der Bau des Freiburger Münsters. Der Erzbergbau beschert der Region Wohlstand. Nach dem Aussterben der Zähringer und Staufer weiten die Habsburger ihren Machtbereich deutlich aus. Der Breisgau wird österreichisch. Die von den Habsburger belehnten Markgrafen von Baden herrschen in den Räumen Badenweiler und Lörrach.
1226 Bischof Heinrich von Thun lässt in Basel die erste Rheinbrücke erbauen. Kleinbasel wird gegründet, um die Brücke zu sichern. Colmar wird erstmals als eigenständige Stadt erwähnt.
1354 beteiligt sich Colmar am Bund der zehn Reichsstädte, um sich besser verteidigen zu können.
1356 Ein Erdbeben zerstört große Teile Basels.
1457 Gründung der Universität Freiburg.
1460 wird die erste Universität der Schweiz in Basel eröffnet.
1471 Basel erhält das Messeprivileg.
1501 Basel tritt der Eidgenossenschaft bei.
16. Jh. Bauernkriege wüten überall. Die Reformation spaltet die Region.
1618–1648 Der Dreißigjährige Krieg stürzt die Region in eine schlimme Krise. Am Ende wird die Unabhängigkeit der Eidgenossen vom Deutschen Reich anerkannt, und Frankreich hat sich große linksrheinische Besitzungen angeeignet. Unter anderem wird Colmar 1679 Teil des französischen Königreichs.
1789 Die Französische Revolution annulliert die Rechte der deutschen Reichsstände im Elsass. Auch Mülhausen gehört fortan zu Frankreich.
1815 Nach dem Zusammenbruch des Napoleonischen Kaiserreichs spricht der Wiener Kongress der Schweiz „ewige bewaffnete Neutralität" zu.
1817 Oberst Tulla beginnt mit der Begradigung des Oberrheins, Voraussetzung für die Intensivierung des auch grenzüberschreitenden Wirtschaftsverkehrs per Schiff.
1855 Die Rheintalbahn zwischen Mannheim und Basel wird fertiggestellt.
1848 Die Deutsche Revolution beginnt in Baden. Die Schweiz wird Bundesstaat.
1870/1871 Die Franzosen unterliegen im Deutsch-Französischen Krieg. Das Elsass gehört wieder zum Deutschen Reich.
1918/1919 Grenzkontrollen zwischen den Ländern werden eingeführt. Mit dem Vertrag von Versailles wird das Elsass wieder Frankreich zugesprochen.
1939–1945 Deutsche Truppen besetzen 1940 das Elsass.
1945 wird die deutsche Annektion des Elsass revidiert, Franzosen besetzen Südbaden.
1946 Der Flughafen Basel-Mulhouse wird eröffnet.
1975 Massive grenzübergreifende Proteste in Baden und im Elsass richten sich gegen das geplante Atomkraftwerk Wyhl.
1987 Nach der Einbeziehung Freiburgs nennt sich der gemeinsame Flughafen nun EuroAirport Basel-Mulhouse-Freiburg.
1992 Die Schweiz lehnt den Beitritt zum europäischen Wirtschaftsraum ab, Basel-Stadt stimmt jedoch zu.
1995 Mit der Gründung des Rats der Regio-TriRhena wird an uralte wirtschaftliche, kulturelle und geschichtliche Verbindungen in der Region Südbaden, Nordwestschweiz und Oberelsass angeknüpft.
2002 Der Euro wird in Deutschland und Frankreich gesetzliches Zahlungsmittel.
2008 Im Basler St.-Jakobs-Park findet am 7. Juni das Eröffnungsspiel der Fußball-Europameisterschaft 2008 statt.
2014 Das Basler Kunstmuseum erhält einen Erweiterungsbau für Sonderausstellungen (Eröffnung für Anfang 2016 geplant).

Urlaubsvergnügen Rheinschifffahrt – hier vor dem Münsterberg von Breisach

maximal 120 km/h gefahren werden, auf Landstraßen 80 km/h und in geschlossenen Ortschaften 50 km/h. Die Strafen für zu schnelles Fahren sind in der Schweiz sehr hoch und werden auch über die Grenze hinaus verfolgt. Darüber hinaus gelten Gurtpflicht, Handyverbot am Steuer und eine Blutalkoholgrenze von maximal 0,5 Promille.

Frankreich: Die Autobahnen im südlichen Elsass sind mautfrei. Die zulässige Höchstgeschwindigkeit auf französischen Autobahnen beträgt 130 km/h, auf Landstraßen 90 km/h und in Orten 50 km/h. Auch hier wird zu schnelles Fahren teuer geahndet. Die erlaubte Blutalkoholgrenze liegt bei 0,5 Promille, und fahren unter Alkoholeinfluss kann sehr teuer werden. Seit 2013 muss jeder Autofahrer Alkoholtest-Prüfröhrchen mit sich führen, die mit „NF X 20 702" zertifiziert sind; sie sind in Apotheken oder im Internethandel erhältlich. Bis auf weiteres ist das Gesetz allerdings ausgesetzt. Benzinpreise sind lokal sehr unterschiedlich. Am günstigsten sind in der Regel die Tankstellen an großen Supermärkten – sie sind manchmal mehr als 10 Cents pro Liter billiger als andere Tankstellen.

BAHN UND BUS

In der Regio setzt man stark auf den öffentlichen Nahverkehr. Von Freiburg nach Basel braucht man mit dem ICE eine gute halbe Stunde, mit der Regionalbahn eine knappe Stunde. Mit dem Ticket TriRegio, einer Tageskarte, die 24 Stunden für einen Erwachsenen und zwei Kinder unter 14 Jahren gilt, kann man im südlichen Teil der Regio gut unterwegs sein (Tarifverbund Nordwestschweiz www.tnw.ch, Regio Verkehrsverbund Lörrach www.rvl-online.de). Die Freiburger Verkehrsgesellschaft bietet ebenfalls eine 24-Stunden-Karte für die Region an (www.vag-freiburg.de). Das Elsass verfügt mit 161 von Regionalexpresszügen angefahrenen Bahnhöfen über ein sehr dicht ausgebautes Eisenbahnnetz. Darüber hinaus gibt es Autobuslinien des SNCF, deren Abfahrtszeiten sich an den Fahrplänen der Züge orientieren (www.ter-sncf.com/alsace).

ESSEN UND TRINKEN

Wer gutes Essen schätzt, ist in der Regio genau richtig. Von einfachen Alltagsgerichten, wie sie in Straußenwirtschaften angeboten werden, bis zur Sterneküche ist alles vertreten.

Die **Schweiz** steht bei den meisten Touristen für Käse und Schokolade – zu Recht. Beides bekommt man bei den Eidgenossen in außergewöhnlich guter Qualität. In Basel sind die Leckerli, eine Lebkuchenart, eine Spezialität. Das bekannteste herzhafte Gericht der Schweiz sind Rösti, in der Regel „Rööschti" gesprochen, die es als Beilage zu Gschnetzeltem (meist Kalbfleisch), zu Bratwurst oder zu Spiegeleiern gibt. Für ein kleines Mittagessen werden die geriebenen, knusprig braun gebratenen Kartoffeln auch mit Salat oder nur mit Sauerrahm serviert. Häufig findet man zu den entsprechenden Jahreszeiten Wildgerichte auf den Speisekarten, sei es als Kaninchen-, Hirsch-, Reh-, Wildschwein- oder auch Gamsbraten.

Wildgerichte sind auch eine Spezialität der Restaurants in **Baden**, wo gebratene Kartoffeln nicht als Rösti sondern als Brägele serviert werden – zum Schnitzel, zum Wurstsalat, zur Bratwurst oder zu sauren Nierle. Brägele kann man schlicht mit Bratkartoffeln übersetzen, doch besitzen Brägele meist einen viel feineren Geschmack. Innereien werden übrigens nicht nur als saure Nierle angeboten sondern auch als Leberle sauer, geschnetzelt oder geröstet oder als Kalbsbries. Noch lauwarmer Kartoffelsalat ist eine weitere typisch badische Beilage zu verschiedenen Gerichten. Spargel wird im Rheintal an mehreren Stellen beiderseits der Grenze angebaut (siehe auch S. 62). Auf die Spargelsaison stellen sich die Restaurants besonders stark ein.

Manchmal servieren die Wirte eine frische Forelle aus dem Schwarzwald zum Kartoffelsalat, dann in der Variante „Müllerin", also in Mehl gewälzt und im Fett ausgebacken. Oder sie bieten Fleischküchle an, die sich andernorts Frikadellen nennen.

Die badische Tradition des Vesperns pflegen vor allem die Landgasthöfe und Straußenwirtschaften. Vesperteller mit Blut- und Leberwurst, Salami, Schwartenmagen, Speck, einem Stück Käse, Butter, einer Gewürzgurke und häufig einem kleinen Schnaps sehen oft so aus, als sollten ganze Familien davon satt werden. Das Beste am Vesperteller ist für manche das frische Bauernbrot, das dazu gereicht wird.

So viele Brotsorten wie in Baden gibt es zwar im **Elsass** nicht, obwohl die Bäckereien zwischenzeitlich schon deutlich mehr Sorten als nur Baguette anbieten – eine Überschaubarkeit des Angebots, das sie durch eine Vielzahl köstlichster Kuchen ausgleichen. Im Elsass gibt es so gut wie alle französischen Käsesorten, Ziegen- und Munsterkäse sind aber besonders zu empfehlen. Im Munstertal kann man regelrechte Käsetouren durch die Gasthäuser machen. In den Fermen, den bewirtschafteten Bergbauernhöfen, bekommt man Käseteller und andere Spezialitäten wie beispielsweise grünen Salat mit gratiniertem Ziegenkäse. Was in fast allen Restaurants und Weinstuben auf der Speisekarte steht, ist die Tarte flambée, der Flammkuchen, ein dünn ausgerollter Brotteig, belegt mit Crème fraiche oder Quark, Speck und Zwiebeln. Es gibt viele Varianten bis hin zum süßen Flammkuchen mit Äpfeln. Ursprünglich nutzten die Bäcker die Anheizzeit des Ofens, um die Tarte flambée zu backen.

Ein anderes Gericht, der Baeckeofen, wurde früher ebenfalls im Brotbackofen gegart. Man

„Inselhopf" von Feierling in der Gerberau

sagt, dass die Hausfrauen am Sonntagabend die Fleischreste vom Wochenende zusammen mit Kartoffeln und Gemüse und viel Riesling in eine ovale Tonform mit Deckel gegeben haben, die der Bäcker dann am Montagmorgen mit einer Teigrolle fest verschlossen hat und danach im Backofen mehrere Stunden garte. Während dieser Zeit wuschen die Frauen die Wäsche, und dennoch stand rechtzeitig ein leckeres Mittagessen auf dem Tisch.
Sauerkraut ist auch so ein Essen, das besonders gut schmeckt, wenn es langsam gegart wird. Das Choucroute garni, das mit Speck, Würstchen und Fleisch belegt ist, ist sicherlich etwas für den großen Hunger. Riesling schadet dem Kraut nie, sagen sich die Elsässer – und nicht nur dem Kraut.
Im Elsass wird viel mit Riesling gekocht, zum Beispiel auch Coq au vin, ein Huhn in einer weinig-sahnigen Soße, oder Truite au Riesling, Forelle in Weißweinsoße. Die Tourte au Riesling ist eine runde Fleischpastete im Teigmantel, die wie ein Kuchen aufgeschnitten wird. Als Vorspeise stehen neben diversen Salaten und Pasteten nach wie vor auch Schnecken auf der Karte, meist mit einer knoblauchhaltigen Kräuterbutter übergossen. Sind die Schnecken noch in ihrem Häuschen, bekommt man eine spezielle Zange und eine kleine Gabel, um sie herauszuholen. Dafür braucht man allerdings ein kleines bisschen Übung.
Alle drei Regionen haben besondere **Weine**. Im Elsass sind dies vor allem der Pinot Noir und der Riesling. Eine Rebenspezialität des Markgräflerlandes ist der Gutedel. Das ist kein großer Wein, aber von Grund auf ehrlich, bodenständig. Als Tafeltraube mit großen Beeren bekommt man weißen und roten Gutedel fast überall, gekeltert wird er aber nur in der Westschweiz, ein wenig im Elsass, wo er wie in der Schweiz Chasselas genannt wird, und eben im Markgräflerland. Markgraf Karl Friedrich von Baden war es, der den Gutedel 1780 aus Vevey am Genfer See mitgebracht und zwischen Freiburg und Basel heimisch gemacht hatte. Da die Rebe fruchtbare, tiefgründige, aber nicht zu trockene Böden liebt, ist er in dieser Region auch genau richtig. Winterfrost mag der Gutedel nicht allzu sehr, aber diese sind im milden Klima des Markgräflerlandes auch kaum zu er-warten.
Die Markgräfler haben für ihren Gutedel ein eigenes Glas entwickelt, ein geschliffenes Becherglas, in dem seine zartgelbe Farbe leuchtet oder beim roten Gutedel der etwas kräftigere Ton. Normalerweise trinkt man daraus ein Viertele, aber vielleicht als Hommage an die Autofahrer gibt es nun auch Achtele-Gläser. Man trinkt den Gutedel bei 12 °C bis 15 °C eigentlich zu jeder Tages- und Nachtzeit, denn er beschwert weder Kopf noch Magen.

Zolltechnisch unverfänglich sind die Basler Leckerli

Sommerszenen im Dreiländereck

FESTE UND FEIERTAGE

Neujahr (1. Jan.), **Heilige Drei Könige** (6. Jan.; nur Baden), **Karfreitag, Ostermontag, Tag der Arbeit** (1. Mai), **Tag des Sieges** (8. Mai; nur Elsass), **Christi Himmelfahrt, Pfingstmontag** (nur Baden und Schweiz), **Fronleichnam** (nur Baden), **Nationalfeiertag** (14. Juli; Frankreich, 1. Aug.; Schweiz), **Mariä Himmelfahrt** (15. Aug.; nur Elsass und Schweiz), **Tag der Deutschen Einheit** (3. Okt.; Deutschland), **Allerheiligen** (1. Nov.; nur Elsass und Baden), **Gedenken an den Ersten Weltkrieg** (11. Nov.; nur Elsass), **Weihnachten** (25. und 26. Dez.).

GELD

Offizielles Zahlungsmittel in der **Schweiz** ist seit 1850 der Schweizer Franken (CHF), unterteilt in 100 Rappen. Man kann wie in Deutschland und Frankreich auch mit Euro bezahlen, allerdings nur in Scheinen, und man bekommt immer Franken zurück. Außerdem ist der Wechselkurs nicht immer eindeutig. Deshalb ist es ratsam, Franken für Einkäufe und Restaurantbesuche mitzuführen.

ÖFFNUNGSZEITEN

Schweiz: Die Geschäfte in Basel sind in der Regel Mo.–Fr. 9.00–18.30 geöffnet, Do., Fr. und Sa. 9.00–20.00 Uhr. In großen Supermärkten kann man meist bis 22.00 Uhr einkaufen, in den Bahnhöfen auch So. Die Post im Stadtzentrum (Rüdengasse 1) ist Mo.–Fr. 7.30–18.30 geöffnet, Sa. 8.00–17.00 Uhr. Kleinere Postfilialen machen in der Regel eine Mittagspause. In den Bahnhöfen kann man gegen Gebühr auch So. Post versenden. Die Öffnungszeiten der Banken sind Mo.–Fr. 8.30–16.30 in Basel-Stadt, Mo–Fr. 8.30–12.00 und 14.00–16.30/17.30 Uhr in ländlichen Gemeinden.

Elsass: Die Geschäfte haben in der Regel Mo bis Sa. 9.00–12.00 und 15.00–19.00 Uhr geöffnet, Kaufhäuser meist durchgängig, die großen Supermärkte an den Ortsrändern (hypermarchés) meist bis 22.00 Uhr. Banken sind Mo.–Fr. 9.00–12.00 und 14.00–16.00 Uhr dienstbereit. Viele Banken haben auch am Samstagvormittag offen, dafür dann aber Mo. geschlossen. Die städtischen Postämter (bureaux de poste) sind meist Mo.–Fr. 9.00–19.00 und Sa. 9.00 bis 12.00 Uhr geöffnet. In den Dörfern gelten kürzere Öffnungszeiten mit einer Mittagspause.
Baden: In Baden-Württemberg ist Geschäften frei gestellt, wie lange sie geöffnet haben wollen. So öffnen in den Städten manche Geschäfte erst um 10.00 und haben bis 20.00 Uhr geöffnet, vor dem Wochenende manchmal sogar bis 22.00 Uhr. In ländlichen Gegenden gelten noch ganz traditionelle Öffnungszeiten mit einer Mittagspause. Dort schließen auch viele am Mittwochnachmittag. Die Freiburger Hauptpost in der Eisenbahnstraße hat Mo.–Fr. 8.30–18.30 geöffnet, Sa. 9.00–14.00 Uhr. Kleinere Postämter machen eine Mittagspause, oft 12.00–14.30 Uhr und haben in der Regel auch nicht so lange offen. Auch die Banken in ländlichem Bereich machen meist eine Mittagspause. Und auch sie nutzen die Möglichkeit, individuelle Öffnungszeiten anzubieten.

REISEDOKUMENTE

Bürger der Europäischen Union benötigen für die Einreise ins Elsass und in die Schweiz nur den Personalausweis und ggf. den Führerschein. Wer kein EU-Kennzeichen am Fahrzeug hat, muss eine ovale Länderplakette am Auto anbringen.

RESTAURANTS

Die gesamte Regio ist eine Hochburg guter und sehr guter Restaurants und Gasthöfe. Eine kleine Auswahl wird auf den einzelnen Infoseiten vorgestellt.

Preiskategorien

€€€€	Hauptspeisen	über 25 €
€€€	Hauptspeisen	15–25 €
€€	Hauptspeisen	10–15 €
€	Hauptspeisen	bis 10 €

SCHIFFFAHRTEN

Hochrheinfahrten nach Kaiseraugst und Rheinfelden sowie Rundfahrten im Baseler Hafen bietet die Basler Personenschifffahrt (Westquaistrasse 62, CH-4057 Basel, Tel. 0041 (0)61 639 95 00, www.bpg.ch).
Der Oberrhein und die Kanäle bis nach Colmar sind das Revier der BFS Breisacher Fahrgast-Schiffahrt GmbH (Rheinuferstraße, Schiffsanlegestelle Brücke 2 der BFS, D-79206 Breisach/Rhein, Tel. 07667 94 20 10, www.bfs-info.de)

Frischer geht es nicht: Am Straßenrand bieten zur Erntezeit die Erzeuger ihre Waren feil

Daten und Fakten

Landesnatur und Klima: Der Oberrheingraben gilt als eines der klimatisch am meisten begünstigten Gebiete in Deutschland. Hier sind die Winter am mildesten und die Sommer am wärmsten. Die Entstehung des Oberrheingrabens, Teil eines Grabensystems zwischen Nordsee und Mittelmeer, begann vor ca. 35 Mio. Jahren. Ursache waren Zugspannungen in der Erdkruste und im Erdmantel, die dazu führten, dass die Erdkruste an dieser Stelle immer dünner wurde. Als Folge der Ausdünnung senkte sich die Erdoberfläche in der Grabenzone ab, der Schwarzwald, die Vogesen, Kaiserstuhl und Tuniberg wurden hochgehoben. Der einst tiefe Graben füllte sich im Lauf der Jahrmillionen, die entstandenen Höhen wurden durch Erosion abgetragen. Es blieben als höchste Berge Grand Ballon (1424 m), Belchen (1415 m), Schauinsland (1264 m), Blauen (1166 m) und Petit Ballon (1163 m). Die größten Städte sind Basel, Mulhouse, Colmar und Freiburg.
Wirtschaft: 2,3 Mio. Menschen bewohnen die Regio. Ausgeprägt zeigt sich der industrielle Bereich mit den Schwerpunkten Chemie, Maschinen-, Apparate- und Fahrzeugbau sowie Elektronik. Wenn auch Landwirtschaft im Allgemeinen in der ganzen Region beschäftigungspolitisch immer unbedeutender wird, ist der Weinbau samt den damit verbundenen Wirtschaftsbereichen ein – besonders in Baden und im Elsass – unverändert bedeutsamer Wirtschaftsfaktor. Dennoch, die Bruttowertschöpfung in Höhe von rund 65 Mrd. Euro wird zu 63 % im Bereich der Dienstleistungen erbracht.
Sprache: Deutsch ist Muttersprache der Badener und Baseler, Französisch Hauptsprache im Elsass. In der gesamten Regio spricht man Dialekte, die sich sehr ähnlich sind und aus dem Alemannischen kommen.
Staatsform: Deutschland ist ein demokratisch-parlamentarischer Bundesstaat mit 16 Ländern; Südbaden gehört zum Bundesland Baden-Württemberg. Die Schweiz ist ein parlamentarisch-demokratischer Bundesstaat mit 26 Kantonen; Basel-Stadt und Basel-Land bilden eigene Kantone. Frankreich ist eine präsidiale demokratische Republik mit 22 Regionen, untergliedert in 96 Départements; das südliche Elsass bildet das Département Haut-Rhin (Hochrhein).

TELEFON UND NOTRUFE

Ländervorwahlen: Deutschland 0049, Frankreich 0033, Schweiz 0041. Bei Telefonaten ins Ausland entfällt die Null der Ortsvorwahl. Bei innerschweizerischen Gesprächen muss man die Ortsvorwahl immer mitwählen, auch wenn man vor Ort ist. Auch in Frankreich sind alle zehn Ziffern zu wählen.
Euronotruf: 112
Notruf Polizei: Deutschland 110, Frankreich 17, Schweiz 117
Feuerwehr: Deutschland 112, Frankreich 18, Schweiz 118
Krankenwagen: Deutschland 112, Frankreich 15, Schweiz 144

UNTERKUNFT

Hotels: In der gesamten Region gibt es eine Vielzahl guter und sehr guter Hotels, Gasthöfe und Pensionen. Auf den Infoseiten werden einige von ihnen vorgestellt. Viele Hotels bieten spezielle Arrangements und Sonderkonditionen zu bestimmten Zeiten. Vor allem in der Vor- und Nebensaison variieren die Preise teils beträchtlich. Nachfragen lohnt also.
Jugendherbergen: Jugendherberge St. Alban in **Basel** (Kirchrain 10, CH-4052 Basel, Tel. 0041 (0)61 272 05 72, www.youthhostel.ch/basel), Jugendherberge **Breisach** (Rheinuferstraße 12, 79206 Breisach, Tel. 07667 76 65, www.jugendherberge-breisach.de), Auberge de jeunesse de **Colmar** (2, rue Pasteur, F-68000 Colmar, Tel. 0033 (0)3 89 80 57 39, www. fuaj.org), Jugendherberge **Freiburg** (Kartäuserstraße 151, 79104 Freiburg, Tel. 0761 6 76 56, www.jugend herberge-freiburg.de), Jugendherberge **Lörrach** (Steinenweg 40, 79540 Lörrach, Tel. 07621 47 04 0, www.jugendherberge-loerrach.de), Auberge de jeunesse de **Mulhouse** (37, rue de l'Illberg, F-68200 Mulhouse, Tel. 0033 (0)3 89 42 63 28, www.fuaj.org).

Preiskategorien

€€€€	Doppelzimmer	über 200 €
€€€	Doppelzimmer	150–200 €
€€	Doppelzimmer	100–150 €
€	Doppelzimmer	50–100 €

ZOLL

Zwischen **Frankreich** und **Deutschland** gibt es bei sogenannten haushaltsüblichen Mengen keine Beschränkungen.
Aus der Schweiz dürfen Personen ab 17 Jahren folgende Mengen nach Deutschland einführen: 200 Zigaretten oder 100 Zigarillos oder 50 Zigarren oder 250 Gramm Tabak, ein Liter Spirituosen mit einem Alkoholgehalt von mehr als 22 % Vol. und zwei Liter mit einem Alkoholgehalt von 22 % Vol. oder weniger und vier Liter Schaumweine. Andere Waren dürfen bis zu einem Wert von insgesamt 300 Euro mitgebracht werden. **In die Schweiz** dürfen Personen ab 17 Jahren folgende Mengen einführen: Alkoholische Getränke von 15 % Vol. zwei Liter und über 15 % Vol. einen Liter, 200 Zigaretten oder 50 Zigarren oder 250 Gramm Rauchtabak.

Register

Fette Ziffern verweisen auf Abbildungen

Impressum

2. Auflage 2014

Verlag: DuMont Reiseverlag, Postfach 3151, 73751 Ostfildern, Tel. 0711 45 02 0, Fax 0711 45 02 135, www.dumontreise.de
Geschäftsführer: Dr. Thomas Brinkmann, Dr. Stephanie Mair-Huydts
Programmleitung: Birgit Borowski
Redaktion: Horst Keppler, Dina Stahn
Text: Cornelia Tomaschko, Ettlingen
Exklusiv-Fotografie: Ralf Freyer, Freiburg
Titelbild: Karl-Heinz Raach/laif (Münsterturm Freiburg)
Zusätzliches Bildmaterial: AFP/Getty Images/© VG Bild-Kunst, Bonn 2014 (S. 107 u.), agefotostock/Look-Foto (S. 58 o.), age/mauritius images Images (S. 69 Mitte, 69 o., 85 u.), www.basel.com/de.cfm/offizielle (S. 99 M.), DuMont Bildarchiv/Martin Kirchner (S. 56 u.l., 58 u., 67), Flirt/mauritius images (S. 99 o.), foodpix/Getty Images (S. 62), Getty Images/Fabrice Coffrini/ (S. 102 o.), Getty Images/Werner Dietrich (S. 14/15), hemis.fr/laif/Sylvain Sonnet (S. 70/71), Huber Images/Barbara Hartmann (S. 39 o.), Huber Images/ Reinhard Schmid (S. 18/19, 25 o., 34 l., 111 o.), Huber Images/Michael Spiegelhalter (S. 40/41), imagebroker/ mauritius images/Daniel Schoenenberger (S. 4 u.r., 106), laif/Martin Kirchner (S. 8/9), laif/Karl-Heinz Raach (S. 20/21, 39 u.), laif/Sahm (S. 86/87), laif/Berthold Steinhilber (S. 92/93 o.M.), laif/Berthold Steinhilber© Succession Picasso/ VG Bild-Kunst, Bonn 2014 (S. 12/13), Look-Foto/Sabine Lubenow (S. 16/17), mauritius images/Leblond (S. 53 u.), mauritius images/Raimund Linke (S. 35 Picture-Alliance/Keystone (S. 99 u., 111 M.), Visum/Sven Picker/ (S. 32, 33, 34 r.)
Grafische Konzeption, Art Direktion, Layout: fpm factor product münchen
Kartografie: © MAIRDUMONT GmbH & Co. KG
DuMont Bildarchiv: Marco-Polo-Straße 1, 73760 Ostfildern, Tel. 0711 45 02 266, Fax 0711 45 02 10 06, bildarchiv@mairdumont.com

Anzeigenvermarktung: MAIRDUMONT MEDIA, Tel. 0711 450 23 33, Fax 0711 450 21 012, media@mairdumont.com, http://media.mairdumont.com
Vertrieb Zeitschriftenhandel: PARTNER Medienservices GmbH, Postfach 810420, 70521 Stuttgart, Tel. 0711 72 52 212, Fax 0711 72 52 320
Vertrieb Abonnement: Leserservice DuMont Bildatlas, Zenit Pressevertrieb GmbH, Postfach 810640, 70523 Stuttgart, Tel. 0180 572 72 52 265, Fax 0180 572 72 52 333, dumontreise@zenit-presse.de
Vertrieb Buchhandel und Einzelhefte: MAIRDUMONT GmbH & Co. KG, Marco-Polo-Straße 1, 73760 Ostfildern, Tel. 0711 45 02 0, Fax 0711 45 02 340
Reproduktionen: PPP Pre Print Partner GmbH & Co. KG, Köln
Druck und buchbinderische Verarbeitung: NEEF + STUMME premium printing GmbH & Co. KG, Wittingen, Printed in Germany

Die Prager Altstadt ist mit ihrem harmonischen, städtebaulich perfekten Gesamtbild Kulturdenkmal der Unesco.

PRAG

Neues von der Moldau
Die tschechische Hauptstadt wandelt sich mit atemberaubender Geschwindigkeit.

Räume voller Nostalgie
Die besten Kaffeehäuser – für die Prager sind sie das zweite Wohnzimmer.

Und am Abend?
Man trifft sich in den Szenevierteln Holesovice und Vinohrady.

Entspannen vor malerischer Kulisse – das Freiburger Münster ist eines der Meisterwerke gotischer Baukunst.

SCHWARZWALD SÜDEN

Wald, Wiesen, Wein
Die schönsten Ziele zwischen Kinzigtal und Hotzenwald.

Touren für Aktive
Von Stadtjogging über E-Biking bis zu Kutschfahrten und Bootstrips.

Die fünfte Jahreszeit
Infos und Tipps rund um die schwäbisch-alemannische Fasnet.

Lieferbare Ausgaben

DEUTSCHLAND
119 Allgäu
092 Altmühltal
105 Bayerischer Wald
120 Berlin
106 Bodensee, Oberschwaben
121 Brandenburg
056 Chiemgau, Berchtesg. Land
013 Dresden, Sächs. Schweiz
152 Eifel, Aachen
096 Elbe und Weser, Bremen
125 Erzgebirge, Vogtland
020 Frankfurt, Rhein-Main
059 Fränkische Schweiz
112 Freiburg, Basel, Colmar
028 Hamburg
026 Hannover zw. Harz u. Heide
042 Harz
062 Hunsrück, Naheland, Rheinhessen
023 Leipzig, Halle, Magdeburg
131 Lüneburger Heide, Wendland
066 Mainfranken
133 Mecklenburgische Seen
038 Mecklenburg-Vorpommern
033 Mosel
114 München
047 Münsterland
015 Nordseeküste Schleswig-Holstein
006 Oberbayern
074 Odenwald, Bergstraße
035 Osnabrücker Land, Emsland
002 Ostfriesland, Oldenb. Land
135 Ostseeküste Meck-Pomm
154 Ostseeküste Schleswig-Holstein
136 Pfalz
040 Rhein zw. Köln und Mainz
079 Rhön
116 Rügen, Usedom, Hiddensee
137 Ruhrgebiet
149 Saarland
080 Sachsen
081 Sachsen-Anhalt
117 Sauerland, Siegerland
083 Schwarzwald Norden
045 Schwarzwald Süden
018 Spreewald, Lausitz
008 Stuttgart, Schwäbische Alb
141 Sylt, Amrum, Föhr
142 Teutoburger Wald
102 Thüringen
143 Thüringer Wald
037 Weserbergland

BENELUX
052 Amsterdam
011 Flandern, Brüssel
070 Niederlande

FRANKREICH
055 Bretagne
021 Côte d'Azur
032 Elsass
009 Frankreich Süden Languedoc-Roussillon
019 Korsika
071 Normandie
001 Paris
115 Provence

GROSSBRITANNIEN/IRLAND
063 Irland
130 London
138 Schottland
030 Südengland

ITALIEN/MALTA/KROATIEN
017 Gardasee, Trentino
110 Golf von Neapel, Kampanien
128 Italien, Norden
005 Kroatische Adriaküste
113 Malta
073 Oberitalienische Seen
076 Piemont, Aostatal
014 Rom
082 Sardinien
003 Sizilien
140 Südtirol
039 Toskana
091 Venedig, Venetien

GRIECHENLAND/ZYPERN/TÜRKEI
034 Istanbul
016 Kreta
090 Türkisches Mittelmeer
148 Zypern

MITTEL- UND OSTEUROPA
104 Baltikum
122 Bulgarien
094 Danzig, Ostsee, Masuren
101 Polen Süden, Breslau, Krakau
044 Prag
085 St. Petersburg
145 Tschechien
146 Ungarn

ÖSTERREICH/SCHWEIZ
129 Kärnten
004 Salzburger Land
139 Schweiz
088 Tessin
144 Tirol
147 Wien

SPANIEN/PORTUGAL
043 Algarve
093 Andalusien
150 Barcelona
108 Costa Brava
025 Gran Canaria, Fuerteventura, Lanzarote
065 Kanarische Inseln
124 Madeira
132 Mallorca
007 Spanien Norden
118 Teneriffa, La Palma, La Gomera , El Hierro

SKANDINAVIEN/NORDEUROPA
057 Dänemark
029 Island
099 Norwegen Norden
072 Norwegen Süden
151 Schweden Süden, Stockholm
153 Hurtigruten

LÄNDERÜBERGREIFENDE BÄNDE
123 Donau – Von der Quelle bis zur Mündung
112 Freiburg, Basel, Colmar

AUSSEREUROPÄISCHE ZIELE
010 Ägypten
053 Australien Osten, Sydney
109 Australien Süden, Westen
107 China
024 Dubai, Abu Dhabi, VAE
036 Indien
027 Israel
111 Kalifornien
031 Kanada Osten
064 Kanada Westen
022 Namibia
068 Neuseeland
041 New York
048 Südafrika
012 Thailand
046 Vietnam

www.dumontreise.de